Collection
PROFIL LITTÉRATURE
dirigée par Georges Décote

Série
PROFIL D'UNE ŒUVRE

Les Confessions
(1765-1770)

Rousseau

- **Résumé de l'œuvre**
- **15 problématiques**
- **15 lectures méthodiques**

CHRISTOPHE CARLIER
agrégé de l'Université
docteur ès lettres

BRUNO HONGRE
agrégé des lettres

JACQUES PERRIN
agrégé des lettres
professeur en classes préparatoires

JACQUES PIGNAULT
professeur en classes préparatoires

HATIER

SOMMAIRE

 ISSN 0750-2516 ISBN 2-218-71928-2

Les indications de pages entre parenthèses renvoient à l'édition « Folio » (Gallimard, 1996) des *Confessions*.

Christophe Carlier a rédigé l'ensemble du volume, à l'exception des lectures méthodiques.

Bruno Hongre et **Jacques Pignault** ont rédigé les lectures méthodiques 1, 3, 6, 9, 10, 11, 12, 13.

Jacques Perrin a rédigé les lectures méthodiques 2, 4, 5, 7, 8, 14, 15.

Fiche Profil

Les Confessions
(1765-1770)

Jean-Jacques ROUSSEAU
(1712-1778)

AUTOBIOGRAPHIE
XVIIIe SIÈCLE

RÉSUMÉ

Pour montrer ce qu'est un homme « dans toute sa vérité », Rousseau décide de retracer l'histoire de sa vie. Dans les Livres I à IV des *Confessions*, il évoque ses vingt premières années (de 1712 à 1732).

Livre I. Orphelin de mère, Jean-Jacques est élevé à Genève par un père trop tendre pour être autoritaire. Il est ensuite envoyé en pension à la campagne. Mais, après cette période heureuse, il entre en apprentissage chez un maître dont l'autorité lui est insupportable. Il s'enfuit et part à l'aventure.

Livre II. Jean-Jacques (qui est protestant) est pris en mains par un prêtre catholique qui désire le convertir. Il est envoyé à Annecy chez Mme de Warens, une femme pour laquelle il éprouve aussitôt amitié et tendresse. Celle-ci l'envoie à Turin où, après une rapide instruction religieuse, Jean-Jacques renonce au protestantisme et devient catholique. Il occupe ensuite des emplois de commis ou de laquais.

Livre III. Le jour où son avenir paraît enfin assuré, il se laisse entraîner par un compagnon insouciant et repart sur les routes. Puis il regagne Annecy et retrouve avec joie Mme de Warens. Celle-ci le met en pension chez un maître de musique qu'elle lui demande d'accompagner à Lyon. Mais, deux jours après leur arrivée à Lyon, Jean-Jacques abandonne son maître pour aller retrouver sa protectrice.

Livre IV. Mme de Warens ayant entre-temps quitté Annecy, Jean-Jacques erre dans la ville, ne sachant que faire. Puis, se laissant guider par le hasard, il entreprend un périple à travers la Suisse et la France. Les retrouvailles avec Mme de Warens seront au bout de ses voyages.

PERSONNAGES PRINCIPAUX

– **Jean-Jacques Rousseau** est à la fois le héros, le narrateur et l'auteur du livre. Malgré les « bizarreries » de son caractère, il ne cesse jamais d'être proche de nous.
– **Mme de Warens**, qui a treize ans de plus que Jean-Jacques, apparaît dans le récit comme l'héroïne attentive et généreuse d'un roman d'amour et d'amitié.
– **D'innombrables personnages** traversent la vie de Jean-Jacques, influant, chacun à sa manière, sur sa destinée.

LIEUX

Jean-Jacques parcourt à pied trois États différents (voir carte p. 15) :
– **la Suisse** et notamment la république de Genève, dont le protestantisme est la religion officielle ;
– **le royaume de Sardaigne,** qui comprend la Savoie et le nord de l'Italie actuelle (Annecy, Chambéry et Turin en font alors partie) ;
– **la France**, dont on entrevoit quelques villes (Paris, Lyon).

THÈMES

1. Le moi.
2. L'homme et la société.
3. La nature.
4. La culpabilité et l'innocence.

AXES DE LECTURE

Une autobiographie : *Les Confessions* constituent la première autobiographie moderne. Rousseau y décrit l'histoire de sa vie avec une liberté et une franchise qui restent exemplaires.

Un récit attachant : Ponctué de déceptions et de rebondissements, l'itinéraire de Jean-Jacques est celui d'un jeune homme confiant dans sa destinée, qui devient progressivement adulte sous les yeux du lecteur.

Une analyse de l'être humain : À travers le récit de sa vie, Rousseau juge le rôle de la nature, de l'éducation, de la religion et de la société dans la formation de la personnalité. Les souvenirs évoqués dans *Les Confessions* ne sont pas seulement touchants ou drôles. Ils nourrissent une réflexion sur l'être humain.

Repères biographiques

Rousseau retrace longuement sa vie dans *Les Confessions*. Pour plus de détails sur l'auteur, on se reportera donc au « Résumé de l'œuvre » pages 12 à 23. La chronologie qui suit a pour but de fournir des dates précises, dont Rousseau fait parfois l'économie. Elle résume par ailleurs la fin de la vie de Jean-Jacques (*Les Confessions* s'arrêtent en effet en 1765).

L'enfance et la formation (1712-1744)

1712 : Jean-Jacques Rousseau naît à Genève le 28 juin. Il perd sa mère le 7 juillet.

1722 : Son père, Isaac Rousseau, quitte Genève et Jean-Jacques entre en pension chez le pasteur Lambercier, à Bossey, petit village proche de Genève.

1723 : L'enfant regagne Genève où il séjourne chez son oncle maternel, Gabriel Bernard.

1725 : Il entre en apprentissage chez le graveur Ducommun.

1728 : Jean-Jacques quitte Genève. À Annecy, il rencontre Mme de Warens. Il se rend à Turin, où il se convertit au catholicisme. Il entre ensuite comme laquais chez Mme de Vercellis, puis chez le comte de Gouvon.

1729 : Rousseau réside à Annecy chez Mme de Warens. Il entre au séminaire qu'il quitte bientôt, n'ayant pas eu véritablement l'intention de devenir prêtre. Puis, sous la direction de M. Le Maître, il apprend la musique à la cathédrale d'Annecy.

1730 : Il accompagne M. Le Maître à Lyon, puis regagne Annecy. Il se rend à Fribourg, Lausanne et Neuchâtel.

1731 : Rousseau saisit l'occasion de se rendre à Paris. Mais une fois dans la capitale, il ne s'y plaît guère et décide d'aller retrouver Mme de Warens. Il la rejoint à Chambéry.

1732-1737 : À Chambéry et aux Charmettes, demeure campagnarde louée par sa protectrice, il vit auprès de Mme de Warens, dont il est devenu l'amant. Il donne des leçons de musique.

1737 : Il se rend à Montpellier pour y consulter un médecin.

1738 : Il devient précepteur des enfants d'un grand seigneur lyonnais, M. de Mably.

1742 : De retour aux Charmettes, Rousseau met au point un nouveau mode de notation musicale et se rend à Paris pour le faire connaître. Mais il n'y rencontre pas le succès espéré.

1743-1744 : Il est secrétaire de l'ambassadeur de Venise.

Le temps du succès (1745-1761)

1745 : Rousseau rencontre la lingère Thérèse Levasseur. Ils auront cinq enfants qu'ils abandonneront aux Enfants-Trouvés (c'est-à-dire l'équivalent de l'assistance publique). Il devient l'ami de Diderot et correspond avec Voltaire.

1749 : Il participe à l'*Encyclopédie* de d'Alembert (dont il rédige les articles consacrés à la musique). Il compose le *Discours sur les sciences et les arts* (également appelé le *Premier Discours*). Rousseau veut montrer que le progrès des sciences et des arts produit un déclin moral dans les sociétés.

1752 : Il compose un opéra, *Le Devin du village*, représenté à Fontainebleau en présence du roi. C'est un vif succès.

1753 : Rousseau rédige le *Discours sur l'origine et les fondements de l'inégalité parmi les hommes* (également appelé le *Second Discours*). Il y présente l'inégalité (dont la cause est la propriété) comme un fléau qui découle de la vie en société. Tant que les hommes vivent dans l'état de nature, ils sont libres et égaux. Dès qu'ils s'assemblent en un groupe, ils deviennent esclaves, car dépendants les uns des autres.

1754 : Rousseau se rend à Genève où il renonce à la foi catholique et revient au protestantisme.

1756 : Une aristocrate fortunée, Mme d'Épinay, est devenue la protectrice de Rousseau. Elle fait aménager pour lui, au nord de Paris, dans la forêt de Montmorency, une maison campagnarde appelée « l'Hermitage ». Il s'y installe avec Thérèse Levasseur.

1757-1758 : Les relations de Rousseau avec Mme d'Épinay deviennent difficiles, de même qu'avec Diderot et le philosophe Grimm. Jean-Jacques s'imagine que ses amis se sont ligués contre lui. Il publie sa *Lettre à d'Alembert sur les spectacles.* Il y fait part de sa méfiance à l'égard du théâtre, et reproche aux comédies d'être le plus souvent immorales.

1761 : Son roman par lettres, *La Nouvelle Héloïse*, remporte un grand succès.

Le temps des persécutions (1762-1778)

1762 : Rousseau publie l'*Émile* (projet d'éducation idéale) et *Du contrat social* (réflexion audacieuse sur le pouvoir et la liberté). Dans un long passage de l'*Émile*, intitulé « La profession de foi du Vicaire savoyard », Rousseau plaide pour une religion naturelle, dont l'homme trouverait les principes dans son cœur et non dans les livres. Dans *Du contrat social*, il remet en cause l'autorité politique en se demandant pourquoi, alors que l'homme est né libre, il est partout « dans les fers ». Parce qu'ils attaquent le clergé et l'État, les deux textes font scandale. Ils sont condamnés à Paris comme à Genève.

Rousseau parvient à quitter la France avant d'être arrêté. Il s'enfuit en Suisse. Mais, là aussi, il fait l'objet d'un mandat d'arrestation et l'*Émile* comme le *Contrat social* sont brûlés sur la place publique. Rousseau se réfugie à Motiers (ville située au nord de la Suisse actuelle, mais alors rattachée à la Prusse). Il demande asile au roi Frédéric II qui accepte de l'accueillir.

1764 : *Le Sentiment des citoyens*, ouvrage anonyme (écrit en fait par Voltaire), paraît à Genève. L'auteur attaque violemment Rousseau, lui reprochant notamment l'abandon de ses enfants. Rousseau décide de répondre et forme le projet d'écrire *Les Confessions.* C'est un tournant dans son inspiration. Désormais, toutes ses œuvres ressembleront à une autodéfense ou à un autoportrait.

1765 : Une nuit, une volée de pierres s'abat sur la maison que Rousseau occupe à Motiers : la population a été montée contre lui par le pasteur du lieu. Jean-Jacques se réfugie non loin de là, sur l'île de Saint-Pierre (située sur le lac de Bienne). Il en est bientôt expulsé. Le philosophe Hume lui offre l'hospitalité en Angleterre. Rousseau part le rejoindre.

1766 : Une fois en Angleterre, Rousseau se brouille avec Hume.

1767 : Il quitte l'Angleterre pour la France. Il est protégé par le prince de Conti.

1768 : Il épouse Thérèse Levasseur.

1769 : Rousseau achève *Les Confessions*.

1771 : À Paris où il s'est installé, il fait des lectures publiques des *Confessions* dans certains salons.

1772-1776 : Il écrit *Rousseau juge de Jean-Jacques*. Dans cet ouvrage en forme de dialogue, Rousseau cherche à savoir s'il s'est vraiment rendu coupable envers les hommes ou s'ils se sont d'eux-mêmes ligués contre lui[1]. Il veut déposer le manuscrit à Notre-Dame, pour le mettre à l'abri de ses ennemis.

1777 : Rousseau travaille aux *Rêveries du promeneur solitaire*, une suite de dix Promenades dans lesquelles il médite sur son identité.

1778 : Il s'installe au nord de Paris, à Ermenonville, chez le marquis de Girardin. Il meurt le 2 juillet.

1782 : Les six premiers Livres des *Confessions* sont publiés.

1789 : Les Livres VII à XII des *Confessions* paraissent à leur tour.

1794 : Les cendres de Rousseau sont transférées au Panthéon.

---

1. Rousseau était, à la fin de sa vie, sujet à des crises de délire paranoïaque, c'est-à-dire qu'il se croyait menacé par un complot universel. Il est exact qu'il fut – tout comme d'autres écrivains de l'époque – condamné pour ses œuvres et abandonné par certains de ses amis. Mais l'idée que le genre humain tout entier se soit ligué contre l'innocent Jean-Jacques dépasse évidemment la mesure.

Résumé des *Confessions*

Dans le préambule, Rousseau nous dit ce que *Les Confessions* veulent être : « le seul portrait d'homme, peint exactement d'après nature et dans toute sa vérité » (p. 31).

Livre I (1712-1728)

• À Genève (1712-1721)

Jean-Jacques naît en 1712. Ses parents sont citoyens de Genève[1]. Son père (Isaac Rousseau) est horloger. Sa mère (née Suzanne Bernard) meurt en le mettant au monde. L'enfant est de santé fragile. Il survit grâce aux soins de sa tante, Suzanne Rousseau.

À l'âge de cinq ou six ans, il découvre les joies de la lecture en compagnie de son père. Il dévore des romans durant des nuits entières. Ces récits développent sa sensibilité. En 1719, il a lu tous les romans qui composaient la bibliothèque de sa mère. Il se tourne alors vers celle de son père, et se plonge dans des ouvrages historiques et moraux. S'identifiant aux héros de l'Antiquité, il se forge un « esprit libre et républicain » (p. 38).

Si son père est très proche de Jean-Jacques, il néglige son fils aîné, âgé de sept ans de plus que son cadet. Ce frère s'enfuit un jour du domicile familial. Il ne donnera plus jamais de nouvelles. Jean-Jacques demeure « fils unique » (p. 39). Il est tendrement aimé de ceux qui l'entourent. Mais cette affection ne le corrompt pas : il est « traité en enfant chéri, jamais en enfant gâté » (p. 39). Bien qu'il commette de petits « forfaits enfantins », il n'est pas

---

1. En effet, si, à cette époque, la France est encore un royaume peuplé de « sujets », Genève, elle, est une république, dont la population est divisée en quatre groupes. Les *citoyens* sont nés dans la ville de Genève, de parents genevois. Les *bourgeois* sont d'origine genevoise, mais nés hors de la ville. Les *natifs* sont nés dans la ville, de parents étrangers. Les *habitants* sont des étrangers, nés hors de la ville. Seuls citoyens et bourgeois ont des droits politiques.

méchant. Il apprend la vertu en ayant sous les yeux « les meilleures gens du monde » (p. 39). Auprès de sa tante Suzanne (dite « Suson »), il acquiert du goût pour la musique.

Son père étant contraint de quitter Genève, Jean-Jacques reste en tutelle chez son oncle maternel [Gabriel[1]] Bernard. Il est mis en pension à Bossey (village situé à quelques kilomètres de Genève), chez le pasteur Lambercier. Il y reste en compagnie de son cousin [Abraham] Bernard, qui a le même âge que lui.

• À Bossey (1722-1724)

La vie à Bossey est heureuse et paisible. Jean-Jacques s'épanouit en découvrant la nature. Il partage avec son cousin une complicité affectueuse. Son maître, M. Lambercier, n'est ni très sévère ni très exigeant. Mlle Lambercier, sa sœur, est presque une mère pour les enfants. Un jour qu'elle administre une fessée à Jean-Jacques, celui-ci éprouve un trouble inattendu (p. 44-45). Toute sa vie, il conservera le souvenir de cette correction délicieuse qui lui a révélé ses tendances masochistes[2].

Un jour, Jean-Jacques est accusé à tort d'avoir brisé les dents d'un peigne appartenant à Mlle Lambercier. Il proteste de son innocence, mais on ne le croit pas. Il est sévèrement châtié. Pour la première fois, il se heurte à l'injustice (p. 48-50). Cette découverte met fin à une certaine sérénité enfantine. Elle révolte encore le narrateur qui décrit la scène. Les deux cousins quittent bientôt Bossey, qui a cessé d'être pour eux le paradis terrestre.

Ce temps fut pourtant heureux et le narrateur se plaît à en retracer un épisode savoureux. Les deux enfants avaient, pour arroser une bouture qu'ils avaient plantée, creusé sous terre une rigole. La surprise de M. Lambercier quand il s'aperçut de l'existence de cette canalisation clandestine, fait encore rire le narrateur (p. 53-55).

---

1. Le narrateur dit simplement « mon oncle Bernard », « mon cousin Bernard » : Bernard est leur nom de famille. L'oncle de Rousseau s'appelait Gabriel et son cousin Abraham. Mais ces prénoms ne sont jamais cités dans *Les Confessions*.
2. Le *masochisme* est le fait de retirer un plaisir sexuel de la douleur physique. Le mot a été formé sur le nom d'un écrivain autrichien du XIXe siècle, Sacher-Masoch. Il n'existait donc pas encore à l'époque de Rousseau.

• À Genève (1724-1728)

De retour à Genève, Jean-Jacques passe deux ou trois ans chez son oncle. Son cousin et lui sont livrés à eux-mêmes, mais ils n'abusent pas de cette liberté. Ils s'exercent aux activités les plus diverses, sans se mêler aux autres enfants. Jean-Jacques (qui a un peu plus d'une dizaine d'années) tombe bientôt amoureux d'une jeune femme, Mlle de Vulson (qui a vingt-deux ans). Dans le même temps, il s'éprend d'une fillette délurée, Mlle Goton, qui joue avec lui à la maîtresse d'école. Son cœur se partage entre ces deux amours bien différents (p. 58-62).

Jean-Jacques est placé chez un juriste, M. Masseron, pour apprendre l'ingrat métier de procureur. Mais il est bientôt renvoyé, n'étant jugé « bon qu'à mener la lime » (p. 62). Il est donc placé en apprentissage chez un graveur, M. Ducommun. Le métier ne lui déplaît pas, mais Ducommun est brutal. Tyrannisé par son maître, Jean-Jacques apprend « le mensonge, la fainéantise, le vol » (p. 63). Un compagnon, Verrat, l'entraîne sur la voie de la malhonnêteté. Jean-Jacques devient voleur d'asperges. Il cherche – avec moins de succès – à dérober des pommes (p. 66-67). Mais il ne va jamais jusqu'à convoiter de l'argent.

Il dévore les livres qu'il loue à une femme nommée « la Tribu ». À travers ses lectures, il vit des amours imaginaires (p. 74-75). À seize ans, Jean-Jacques, qui aime marcher, s'éloigne parfois de Genève (dont les portes ferment chaque soir). À deux reprises, il oublie l'heure et doit passer la nuit hors de la ville. Le matin, quand il rentre chez son maître, celui-ci le corrige sévèrement. Une troisième fois, Jean-Jacques se laisse entraîner par la promenade. Comme il s'approche de Genève, il voit le pont-levis se relever au loin. Cette fois, la crainte du châtiment et l'amour de la liberté l'emportent. Il décide de ne pas retourner chez son maître (p. 76). Il prend seulement le soin d'avertir de son départ son cousin [Abraham] Bernard, qu'il ne reverra plus jamais.

Rousseau regrette un instant l'existence qu'il aurait menée s'il avait été placé chez un maître plus humain. Son sort aurait été bien différent : « J'aurais passé dans le sein de ma religion, de ma patrie, de ma famille et de mes amis, une vie paisible et douce, telle qu'il la fallait à mon caractère » (p. 78).

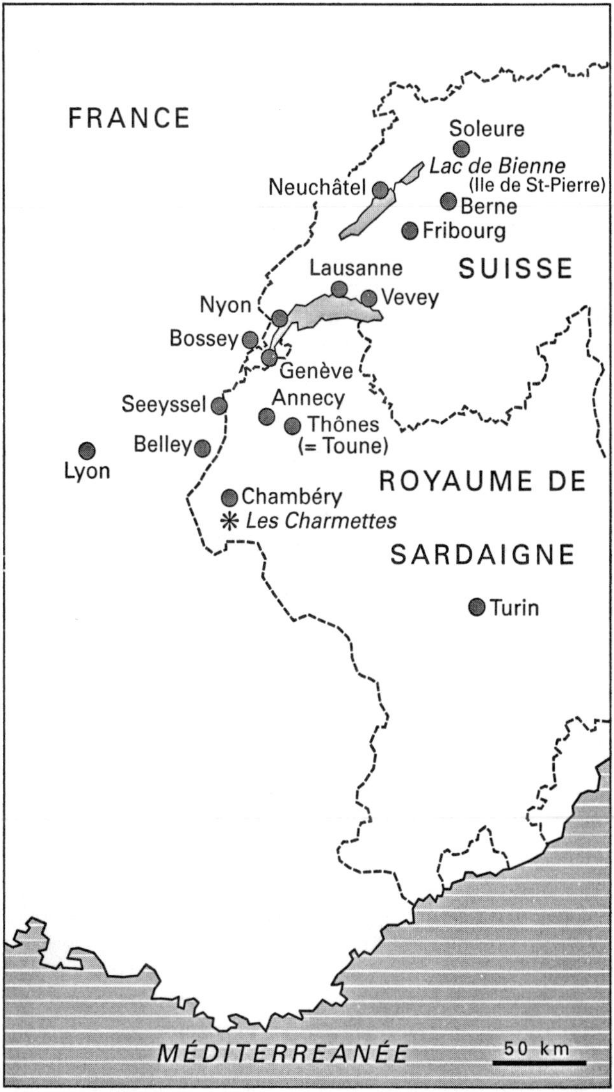

Les lieux des confessions :
Suisse, Royaume de Sardaigne, France.

Livre II (1728)

• Rencontre de Mme de Warens à Annecy (mars 1728)

L'époque qui suit son départ de Genève reste un souvenir heureux. Jean-Jacques erre quelques jours autour de Genève, puis il quitte la Suisse (protestante) pour se rendre dans le royaume de Sardaigne (catholique). Là, il va à Confignon, petit village dont le curé, M. de Pontverre, le reçoit à bras ouverts, saisissant l'occasion de convertir ce jeune protestant. Il lui conseille de se rendre à Annecy chez « une bonne dame bien charitable » (p. 82), Mme de Warens. Celle-ci s'est récemment convertie au catholicisme et accueille dans sa maison ceux qui voudraient suivre la même voie. Jean-Jacques consacre trois jours à faire le voyage à pied.

Il arrive à Annecy le jour des Rameaux 1728 et fait la connaissance de Mme de Warens (p. 83-84). C'est le coup de foudre. Louise-Éléonore de Warens n'a rien de la vieille dévote qu'il avait imaginée. Elle est âgée de vingt-huit ans (il en a seize). Elle possède « un air caressant et tendre, un regard très doux, un sourire angélique » (p. 85). Elle le retient à dîner. À table, un homme conseille à Jean-Jacques de se rendre à Turin[1], où un hospice catholique reçoit les jeunes gens qui souhaitent se convertir. Mme de Warens donne à Jean-Jacques un peu d'argent pour le voyage. Deux jours plus tard, il se met en route. Le lendemain de son départ, le père de Jean-Jacques se présente chez Mme de Warens. Apprenant que son fils a quitté Annecy, il renonce à se lancer à sa poursuite (p. 90-91).

• À l'hospice des catéchumènes (avril 1728)

Jean-Jacques fait le voyage à pied. Ses compagnons de route – M. Sabran et sa femme – sont agréables et quelque peu malhonnêtes. Ils lui dérobent au fil des jours son argent et son linge.

En arrivant à Turin, Jean-Jacques a le plaisir de découvrir une grande ville (p. 95). Il est conduit à l'hospice qui accueille les « catéchumènes » (ceux qu'on prépare à recevoir le baptême). L'édifice ressemble à une prison. Ceux et celles qu'on y rencontre sont des aventuriers peu recommandables. Ils acceptent volontiers de se convertir en échange d'un peu de nourriture.

---

1. Turin appartenait alors, comme Annecy, au royaume de Sardaigne.

Jean-Jacques a plus de réticences à vendre ainsi sa foi. Il met donc sa fierté à ne pas s'incliner trop vite devant la religion catholique. Il s'amuse à opposer aux prêtres des objections savantes (p. 102-104).

Un jour, un de ses compagnons lui fait brutalement des avances. Sans bien comprendre ce dont il s'agit, Jean-Jacques le repousse. Il dénonce même ces agissements qui le dégoûtent. Mais un des administrateurs de l'institution se montre étrangement complaisant à l'égard de l'homosexualité.

Un mois plus tard, vient le jour de la conversion. La cérémonie, « édifiante pour le public », est « humiliante » pour Jean-Jacques (p. 107). Il quitte l'institution avec un peu d'argent en poche.

• Aventures à Turin (été, automne, hiver 1728)

Jean-Jacques parcourt la ville. Mais sa nourriture et son hébergement lui coûtent cher : il doit travailler. Il est embauché par une jeune marchande, Mme Basile, dont le mari est absent. Il est un peu amoureux d'elle et sent d'ailleurs qu'il ne lui déplaît pas (p. 111-113). Un jour, il tombe à ses genoux, mais l'arrivée d'une servante interrompt la scène. Le retour de M. Basile met fin à cette idylle : le jour même où il rentre chez lui, il fait chasser Jean-Jacques (p. 119).

Celui-ci trouve alors une place de laquais chez la comtesse de Vercellis (p. 120). Atteinte d'un cancer, elle dicte son courrier à Jean-Jacques, pour lequel elle semble, au moins dans les premiers temps, éprouver de l'estime. Mais leurs rapports ne seront jamais chaleureux. Mme de Vercellis meurt bientôt (p. 124). Jean-Jacques est congédié.

C'est pendant son service chez la comtesse qu'il commet une des actions qu'il regrettera le plus au cours de sa vie. Il vole un ruban de peu de valeur, que l'on retrouve bientôt dans ses affaires. Pour se disculper, il prétend que c'est une servante, Marion, qui le lui a offert. On les confronte. Il « la charge effrontément » (p. 125). La jeune fille proteste à peine de son innocence. C'est Jean-Jacques que l'on croit. Au moment où il écrit, le narrateur est encore tourmenté par le remords d'avoir ainsi fait accuser une innocente.

Livre III (1728-1730)

• Dernières aventures à Turin (décembre 1728-juin 1729)

Pendant cinq ou six semaines, Jean-Jacques reste désœuvré. Il éprouve des désirs sexuels qu'il ne peut assouvir – et qu'il attise « par les plus extravagantes manœuvres » (p. 130). C'est ainsi qu'il se livre à l'exhibitionnisme. Un jour, il est pris sur le fait. Il se tire d'embarras en se faisant passer pour « un jeune étranger de grande naissance » à l'esprit dérangé (p. 131).

Il se lie à l'abbé Gaime, dont il avait fait la connaissance chez Mme de Vercellis. Ce bon prêtre savoyard le remet dans le droit chemin en lui rendant confiance en lui. Jean-Jacques entre comme laquais chez le comte de Gouvon. Celui-ci lui témoigne de l'estime et lui offre même l'occasion de montrer son esprit en société. Jean-Jacques brille un jour devant la belle-fille de son maître, la jeune Mlle de Breil, dont il est tombé amoureux (p. 136-138). Mais après ce succès d'un instant, elle ne lui accorde plus guère d'attention.

Le comte de Gouvon attache Jean-Jacques au service de son fils, qui est abbé. Il en est apprécié. On le juge même digne de la carrière diplomatique. Aux yeux de tous, Jean-Jacques est désormais « un jeune homme de la plus grande espérance » (p. 141). Mais il se prend d'amitié pour un dénommé Bâcle, garçon fort amusant et peu recommandable. Dès lors, il néglige sa tâche auprès de l'abbé de Gouvon. Bâcle s'apprête à regagner Genève (dont il est originaire). Jean-Jacques n'écoute aucune recommandation et abandonne son protecteur sur un coup de tête. Il prend la route avec son nouvel ami (p. 145).

• À Annecy, chez Mme de Warens (juin 1729-avril 1730)

Les deux compères se séparent en arrivant à Annecy, où Jean-Jacques ne songe déjà plus qu'à retrouver Mme de Warens. Celle-ci ne le laissera plus, désormais, repartir loin d'elle. Elle le surnomme « Petit », et lui l'appelle « Maman ». Ils vivent tous deux dans une intimité affectueuse. Jean-Jacques consacre de longues heures à la lecture (p. 155-156).

« Maman » adresse Jean-Jacques à l'un de ses parents, M. d'Aubonne, qui le juge tout juste apte à devenir curé de village (p. 158). Il entre à contrecœur au séminaire. Son premier maître le désespère ; le second (M. Gâtier) l'encourage. Mais Jean-Jacques montre plus de goût pour la musique que pour le latin. Ses faibles progrès sont décevants. On le renvoie chez Mme de Warens (p. 168).

Elle songe alors à faire de Jean-Jacques un musicien et le met en pension chez le maître de musique de la cathédrale, M. Le Maître. Il y passe une année heureuse. Un soir, un inconnu frappe à la porte de M. Le Maître (p. 170). Son allure est pleine d'aplomb mais son habit est celui d'un gueux. Il prétend se nommer Venture de Villeneuve et se dit musicien. Le lendemain, à la messe, il chante en effet, et remarquablement. Jean-Jacques éprouve pour lui une admiration sans réserve et fait son éloge à Mme de Warens. Mais celle-ci reste réservée. Elle craint l'influence de Venture sur Jean-Jacques et les sépare l'un de l'autre (p. 173).

M. Le Maître est entré en désaccord avec un chanoine, M. de Vidonne. Il décide de se venger en quittant la ville en cachette à la veille des fêtes de Pâques, ce qui laissera le chanoine sans musique pour ses cérémonies. Mme de Warens demande à Jean-Jacques d'accompagner Le Maître dans sa fuite. Tous deux quittent Annecy et arrivent sans difficulté jusqu'à Lyon. Mais là, Le Maître ayant été pris d'une crise d'épilepsie, Jean-Jacques l'abandonne sur place (p. 177). Sitôt commise cette action – dont l'aveu coûte encore au narrateur –, Jean-Jacques repart pour Annecy où il veut retrouver Mme de Warens.

Livre IV (1730-1731)

• À Annecy, sans Mme de Warens (avril-été 1730)

Hélas ! Mme de Warens a quitté Annecy quand Jean-Jacques y arrive. Il éprouve une immense déception. Il reste cependant dans la ville. Il y retrouve Venture, qui est à présent un personnage en vue. Pendant une journée radieuse, Jean-Jacques vit une idylle champêtre entre deux jeunes filles, Mlle de Graffenried et Mlle Galley. L'ayant rencontré par hasard, celles-ci l'emmènent passer à Toune un moment délicieux (p. 183-188).

Grâce à Venture, il fait la connaissance d'un homme pittoresque, le président du tribunal d'Annecy (ou « juge-maje »), M. Simon. Il tente de revoir Mlle Galley (dont la maison est fermée), puis Mlle de Graffenried (à laquelle il écrit en vain). Merceret, la femme de chambre de Mme de Warens, était restée à Annecy en l'absence de sa maîtresse. Elle veut à présent rentrer chez elle à Fribourg (en Suisse), mais hésite à faire la route seule. Comme elle éprouve manifestement du goût pour Jean-Jacques, elle lui demande de l'accompagner (p. 193).

• Voyages en Suisse (été 1730-printemps 1731)

Au cours du chemin, Jean-Jacques résiste aux avances de Merceret, qui sont d'ailleurs de moins en moins pressantes. En passant à Genève, il ne va voir personne, mais il est ému par le spectacle de la ville. À Nyon, il retrouve son père, le temps de quelques effusions. Il laisse bientôt Merceret à Fribourg, non sans une pointe de regret (p. 196).

Au retour, Jean-Jacques s'arrête à Lausanne. Voulant imiter son ami Venture, il prend le nom de « Vaussore de Villeneuve » et se prétend professeur de musique. Le voilà « maître à chanter sans savoir déchiffrer un air » (p. 198). Il se vante même d'être compositeur et écrit une pièce de concert. Mais le jour où le morceau est joué, les musiciens étouffent de rire et Jean-Jacques fait piètre figure (p. 200). Sa carrière de musicien tourne court.

Il se promène dans le pays de Vaud. Il se rend à Vevey, lieu de naissance de Mme de Warens, à laquelle il n'a cessé de penser. Il quitte bientôt Lausanne pour Neuchâtel où il passe l'hiver. Il y trouve plus facilement des élèves et acquiert lui-même quelques connaissances : « J'apprenais insensiblement la musique en l'enseignant » (p. 205).

S'étant aventuré un jour dans le village de Boudry, il rencontre un étrange ecclésiastique grec dont nul ne comprend la langue (p. 205). Il lui adresse la parole en italien. L'homme prétend qu'il est venu quêter en Europe des fonds pour une sainte œuvre. Il propose à Jean-Jacques de lui servir d'interprète et de l'accompagner dans ses démarches. Celui-ci accepte sans hésitation. Ils se rendent à Berne, puis à Soleure. Là, l'ambassadeur de France, le marquis de Bonac, démasque le faux ecclésiastique et le sépare de Jean-Jacques (p. 208-209).

Le secrétaire de l'ambassade de France, M. de la Martinière, propose au jeune homme un emploi de sous-secrétaire, ce qui ne le séduit guère. Jean-Jacques préférerait se rendre à Paris. Une occasion se présente justement. Un colonel suisse installé en France, M. Godard, cherche à mettre quelqu'un au service de son neveu parisien. Jean-Jacques se met en route (p. 210).

• Voyages en France[1] (printemps-octobre 1731)

Le voyage à pied dure quinze jours qui se placent « parmi les plus heureux » de la vie de Jean-Jacques (p. 210). Il se voit déjà « en habit d'officier avec un beau plumet blanc » (p. 211). Mais l'arrivée à Paris est décevante. Les abords de la ville sont laids. Le colonel Godard est un vieil avare qui voudrait ne pas payer Jean-Jacques. Celui-ci refuse de se mettre au service du neveu du colonel à qui, pour se venger, il envoie une épître satirique. Ce sera la seule de sa vie d'écrivain (p. 214). Il reprend ensuite la route (à pied), résolu à retrouver « Maman ».

À Lyon, il rend visite à Mlle du Châtelet, à laquelle Mme de Warens l'avait adressé lorsqu'il était venu pour la première fois dans cette ville. Celle-là ignore où se trouve Mme de Warens, mais se charge d'écrire pour obtenir de ses nouvelles. Elle conseille à Jean-Jacques de rester à Lyon en attendant la réponse. Il n'ose pas avouer à Mlle du Châtelet qu'il n'a presque plus d'argent.

Au cours de son séjour à Lyon, Jean-Jacques résiste à deux propositions malhonnêtes. Un inconnu l'invite en effet à se livrer avec lui au plaisir solitaire. Puis un prêtre lui fait des avances. Mais Jean-Jacques sait se défendre. Il dort à la belle étoile ou trouve parfois des hôtes généreux. Un certain Rolichon, l'entendant chanter, l'embauche pour copier de la musique (p. 224). Jean-Jacques reste quelques jours chez lui.

Ayant enfin reçu des nouvelles de Mme de Warens (qui séjourne à Chambéry), Jean-Jacques se met en route pour la rejoindre. Elle lui obtient, en le présentant à l'intendant général du roi de Sardaigne Victor-Amédée, une place au cadastre[1] : « C'est ainsi qu'après quatre ou cinq ans de courses, de folies et de souffrances depuis ma sortie de Genève, je commençai pour la première fois de gagner mon pain avec honneur » (p. 229).

Livre V (1732-1739)

Auprès de Mme de Warens, Jean-Jacques se consacre à sa passion : la musique. Bientôt, il abandonne le « triste bureau » du cadastre pour donner des leçons à d'« aimables demoiselles bien parées » (p. 245). Mme de Warens, qui veut le « traiter en

1. Voir la carte de la page 15.
2. Le roi voulait en effet faire établir des cartes de géographie précises de ses territoires. C'est à ce travail que fut employé Rousseau.

homme » (p. 251), fait de lui son amant. Mais elle n'éprouve pas pour lui de véritable attirance physique. Elle reste d'ailleurs la maîtresse de son valet, Claude Anet. Jean-Jacques ne ressent aucune jalousie : « Ainsi s'établit entre nous trois une société sans autre exemple peut-être sur la terre » (p. 261). Mais Claude Anet meurt bientôt d'une pleurésie.

Livre VI (1739-1740)

Dans une ferme appelée les « Charmettes », que loue Mme de Warens, Jean-Jacques mène une vie saine, paisible et heureuse. Il se promène, lit beaucoup et s'instruit dans toutes les disciplines. Comme sa santé n'est pas très bonne, il entreprend d'aller consulter un médecin à Montpellier. Cette fois, il voyage dans une voiture à cheval. En chemin, il connaît un amour bref et sensuel (avec Mme de Larnage). Il reste cinq mois à Montpellier.

À son retour de voyage, Mme de Warens se montre plus froide. Elle est devenue la maîtresse d'un jeune homme originaire du pays de Vaud, Vintzenried. Jean-Jacques décide de quitter les Charmettes. Il part à Lyon où il est engagé comme précepteur des enfants d'un grand seigneur, M. de Mably. L'expérience est peu concluante. Il revient aux Charmettes, sans pouvoir reconquérir Mme de Warens. Il met au point une nouvelle manière de noter la musique, et gagne Paris avec l'espoir d'y trouver le succès.

Livre VII (1741-1747)

Jean-Jacques ne parvient pas à faire reconnaître son système de notation musicale. Il redevient professeur de musique. Il fait quelques rencontres dans la société parisienne et obtient ainsi une place de secrétaire d'ambassade à Venise, qu'il occupe quelques mois. S'étant brouillé avec son ambassadeur, il rentre à Paris. Il remanie un opéra de Voltaire et Rameau, mais ce travail ne lui procure guère de reconnaissance. C'est à cette époque qu'il rencontre la lingère Thérèse Levasseur qui partagera désormais sa vie. Jean-Jacques et Thérèse auront cinq enfants, qui, à leur naissance, seront abandonnés aux Enfants-Trouvés[1].

---

1. Ce point est le plus discuté de la vie de Rousseau. Certains (dont Voltaire) ne lui pardonnent pas cet abandon. D'autres relativisent son

Livre VIII (1748-1755)

En 1749, Rousseau lit par hasard dans le journal la question mise au concours par l'Académie de Dijon pour le prix de Morale de l'année suivante : « Si le progrès des sciences et des arts a contribué à corrompre ou à épurer les mœurs ». Il rédige dans l'effervescence son *Discours sur les sciences et les arts*[1]. Il obtient le prix de l'Académie et gagne la faveur du public. Ce succès ne le grise pas : il fait le choix de vivre dans la simplicité

Roussseau compose également un opéra (*Le Devin du village*), qui est représenté devant le roi. Il se rend à Genève où il est bien accueilli ; il reprend la religion protestante. Il publie son second discours (*Discours sur l'origine et les fondements de l'inégalité parmi les hommes*[2]). Sa protectrice, Mme d'Épinay, lui fait aménager, dans la forêt de Montmorency, une maison qui se nomme l'« Hermitage ».

LIVRE IX (1756-1757)

En 1756, Rousseau s'installe à l'Hermitage. Cet « asile agréable et solitaire » (p. 500) est un lieu de travail. Il s'y consacre à de nouveaux projets (*Du contrat social, La Nouvelle Héloïse*, l'*Émile*). C'est aussi le lieu de son amour (malheureusement non partagé) pour Sophie d'Houdetot. Jean-Jacques entretient des relations de plus en plus difficiles avec Grimm, Diderot et Mme d'Épinay. Il accuse Grimm de tramer un complot contre lui. Malgré de laborieuses tentatives de réconciliation, malentendus et reproches s'accumulent, et Rousseau quitte l'Hermitage.

---

importance (à l'époque, beaucoup d'enfants étaient abandonnés). Voici ce que dit Rousseau lui-même : « En livrant mes enfants à l'éducation publique, faute de pouvoir les élever moi-même, en les destinant à devenir ouvriers et paysans, plutôt qu'aventuriers et coureurs de fortunes, je crus faire un acte de citoyen et de père [...]. Plus d'une fois, depuis lors, les regrets de mon cœur m'ont appris que je m'étais trompé (*Les Confessions*, VIII, p. 437). Notons que certains commentateurs ne croient pas à ces abandons. Pour eux, Rousseau se serait inventé une progéniture pour cacher son impuissance sexuelle. En racontant cette histoire, il se serait chargé, comme il le fait souvent, d'une faute imaginaire.

1. Rousseau y montre que les progrès de la civilisation engendrent une décadence morale.

2. Rousseau y développe l'idée que l'inégalité entre les hommes n'est pas naturelle, mais qu'elle découle de l'organisation sociale, fondée sur la propriété.

Livre X (1758-1759)

Jean-Jacques va s'installer à Montmorency avec Thérèse. Il ne voit presque personne mais il a l'impression que ses anciens amis conspirent contre lui. Il croit que Grimm veut sa perte, que Mme d'Épinay ne lui a pas pardonné d'avoir quitté l'Hermitage. La « coterie holbachique » (le cercle réuni autour du baron d'Holbach) se fait, pense-t-il, une joie de le persécuter. Le ton de la correspondance avec Voltaire s'envenime. Rousseau songe à écrire ses mémoires pour se justifier.

Par ailleurs, il se lie d'amitié avec des protecteurs puissants. Le maréchal de Luxembourg et sa femme le logent bientôt auprès d'eux dans un ravissant bâtiment dépendant du château de Montmorency (« J'étais là dans le Paradis terrestre », p. 623).

Livre XI (1760-1762)

La Nouvelle Héloïse connaît un succès éclatant. Mais la publication de l'*Émile* est retardée. Jean-Jacques se sent cerné par des ennemis divers. À sa sortie, l'*Émile* fait scandale[1]. Un mandat d'arrestation est lancé contre Rousseau. Pressé par M. et Mme de Luxembourg, Jean-Jacques parvient à échapper à la police et à gagner la Suisse.

Livre XII (1762-1765)

Jean-Jacques va de déception en déception, cherchant en vain asile dans différentes villes suisses. Il s'installe à Yverdon, d'où il est bientôt chassé. Il gagne Motiers, mais la population s'en prend à lui et jette des pierres sur sa maison. Il se réfugie dans l'île de Saint-Pierre (au milieu du lac de Bienne), mais il est bientôt délogé de cette retraite paisible. Il lui faut chercher refuge dans des contrées plus lointaines. Il songe à la Corse, puis à Berlin. Mais c'est en Angleterre qu'il trouvera l'hospitalité.

---

1. Voir p. 10.

1 L'autobiographie selon Rousseau

Le terme d'autobiographie n'existe pas encore à l'époque à laquelle écrit Rousseau. Il n'apparaît en effet qu'au XIXe siècle. On admet pourtant que Rousseau a composé, en écrivant *Les Confessions*, la première autobiographie moderne.

UNE AUTOBIOGRAPHIE EXEMPLAIRE

Les règles du genre

On appelle autobiographie un récit écrit à la première personne, dans lequel l'auteur, en retraçant le cours de sa vie, réfléchit sur la formation de sa personnalité[1]. Cette définition met en valeur certaines caractéristiques du genre auquel appartiennent *Les Confessions*.

1. Une autobiographie est une narration. Au XVIe siècle, dans *Les Essais*, Montaigne a essayé lui aussi de dire qui il était. Il s'est décrit physiquement et a longuement exposé ses idées. Mais, parce que Montaigne n'a pas raconté l'histoire de sa vie, on ne considère pas *Les Essais* comme une autobiographie.

2. Une autre caractéristique du genre concerne le personnage central du récit. Celui-ci est en même temps le héros de l'histoire racontée, le narrateur et l'auteur du livre.

Dans le cas des *Confessions*, le héros est identifié dès les premières pages. Nous connaissons son nom de famille par celui de son père : « Je suis né à Genève en 1712, d'Isaac Rousseau » (L. I, p. 34). Ce père nous livre aussitôt le prénom de son fils : « il me disait : "Jean-Jacques, parlons de ta mère" » (*ibid.*, p. 36).

---

1. La définition qui fait autorité est celle que propose Philippe Lejeune dans *Le Pacte autobiographique*. Pour lui, l'autobiographie est un « récit rétrospectif en prose que quelqu'un fait sur sa propre existence quand il met l'accent principal sur sa vie individuelle, en particulier sur l'histoire de sa personnalité ».

C'est justement ce Jean-Jacques devenu vieux qui raconte l'histoire de sa vie. Ce narrateur est le même homme que l'enfant ou le jeune homme qui apparaît dans les premiers livres. Il possède cependant la supériorité de l'expérience, qui l'aide par exemple à formuler des bilans : « Peu d'hommes ont autant gémi que moi, peu ont autant versé de pleurs » (L. III, p. 147). Le narrateur est en somme Jean-Jacques qui a vécu l'ensemble de sa vie – alors que le héros des premiers livres, encore jeune, ignore ce que l'avenir lui réserve.

L'auteur, enfin, est celui qui compose et signe le livre. Un coup d'œil sur la couverture nous rappelle son nom : Jean-Jacques Rousseau. Héros, narrateur et auteur sont ici la même personne.

3. Un dernier trait de l'autobiographie concerne l'accent mis par l'auteur sur tel ou tel aspect de sa vie. Il peut insister sur le rôle qu'il a joué dans certaines circonstances historiques, ou sur les événements dont il a été témoin. C'est ce que firent successivement le cardinal de Retz (au XVIIe siècle), le duc de Saint-Simon (au XVIIIe siècle), Chateaubriand (au XIXe siècle) ou le général de Gaulle (au XXe siècle). Leurs œuvres portent le nom de *Mémoires*[1].

On ne parle d'autobiographie que lorsque celui qui écrit réfléchit sur sa personnalité plus que sur son action publique. Le projet de Rousseau est d'ordre privé. C'est lui qu'il veut peindre. Il ne prétend pas apporter de témoignage sur l'époque à laquelle il a vécu.

Les Confessions possèdent ainsi tous les critères qui définissent l'autobiographie.

La singularité du projet

Rousseau nous avertit dès l'entrée qu'il « forme une entreprise qui n'eut jamais d'exemple et dont l'exécution n'aura point d'imitateur » (L. I, p. 33). Son projet n'était nullement de fonder un genre littéraire dont il deviendrait un « classique ». Il était plus audacieux et plus original. Cette singularité tient à deux traits essentiels : la volonté d'être sincère et le désir de montrer à travers soi ce qu'est un être humain.

---

1. Seul Chateaubriand fit preuve d'originalité en choisissant pour titre *Mémoires d'outre-tombe*.

• L'exigence de sincérité

Rousseau fait le projet – et presque le serment – de tout dire. C'est par cette sincérité absolue que son œuvre prétend se démarquer de toutes les autres. Rousseau proclame en présentant son livre : « Voici le seul portrait d'homme, peint exactement d'après nature et dans toute sa vérité, qui existe et qui probablement existera jamais » (L. I, p. 31). Cette phrase trouve un écho, beaucoup plus loin dans l'ouvrage. Quand Rey, l'éditeur de Rousseau, lui suggère d'écrire les Mémoires de sa vie, l'auteur réfléchit en ces termes :

> Quoiqu'ils ne fussent pas jusqu'alors fort intéressants par les faits, je sentis qu'ils pouvaient le devenir par la franchise que j'étais capable d'y mettre, et je résolus d'en faire un ouvrage unique par une véracité sans exemple (L. X, p. 617).

• L'universalité du témoignage

Un autre aspect des *Confessions* rend le projet original. Rousseau n'a pas réellement pour but de dire qui il est ou de se comprendre lui-même. Ce sera l'enjeu des *Rêveries du promeneur solitaire*, dont la première page annonce : « Que suis-je moi-même ? Voilà ce qui me reste à chercher ». L'objet des *Confessions* est de fournir le témoignage authentique d'un être humain sur lui-même. Rousseau veut nous permettre de réfléchir sur l'humanité en général à partir d'un seul exemple. Son projet obéit à une sorte de rigueur scientifique. Il « peut servir de première pièce de comparaison pour l'étude des hommes, qui certainement est encore à commencer » (L. I, p. 31). Ce qui intéresse Rousseau en lui-même existe probablement en chacun de nous.

DES « CONFESSIONS » ?

Le titre de l'ouvrage semble indiquer que Rousseau se place dans une perspective chrétienne. Dans la religion catholique, on dit qu'un fidèle (qui reçoit alors le nom de « pénitent ») se confesse à un prêtre quand il lui avoue ses péchés pour en obtenir le pardon (ou « l'absolution »). La première page des *Confessions* fait, de façon très théâtrale, référence au Jugement dernier. Le narrateur se présente devant Dieu, son livre à la main, prêt à se confesser devant toute l'humanité. Cette entrée en matière est pleine d'une solennité sacrée. En outre, Rousseau a choisi pour titre celui d'un texte majeur de la littérature chrétienne : *Les Confessions* de saint Augustin. Son œuvre, pourtant, n'appartient pas à la littérature religieuse.

Un projet strictement humain

La comparaison avec saint Augustin (qui était évêque) aide à comprendre la manière particulière dont Rousseau manie les références religieuses. Saint Augustin souhaite convertir son lecteur. L'aveu de ses fautes passées, suivi de la célébration de la grandeur divine, est édifiant. Il dresse un tableau sombre du péché, équilibré par le témoignage radieux de la foi. Rien de tel chez Rousseau. L'aveu de ses fautes n'obéit pas à une intention religieuse. D'ailleurs, c'est aux hommes qu'il s'adresse : « Qu'ils écoutent mes confessions » (L. I, p. 34), recommande-t-il. S'il avoue ses fautes, c'est pour être compris par ses semblables plutôt que pardonné par Dieu.

Le projet des *Confessions* est d'ailleurs né, entre 1764 et 1765, dans des circonstances particulières. Un ouvrage anonyme, *Le Sentiment des citoyens* (dont l'auteur était Voltaire) venait de paraître. Il attaquait violemment Rousseau auquel il reprochait en premier lieu l'abandon de ses cinq enfants à l'assistance publique. L'auteur des *Confessions* répond à cette accusation et à bien d'autres (notamment dans les derniers livres). On voit que le projet est terrestre, et non, comme celui de saint Augustin, tourné vers Dieu. Il s'apparente à un plaidoyer.

Confession ou justification ?

Rousseau s'écarte encore de la pratique chrétienne de la confession par la manière dont il avoue ses fautes. En effet, dans bien des cas, il ne témoigne ni regret ni sentiment de pénitence. Par la construction de ses phrases, il excuse ses torts avant même de les présenter :

> J'avais les défauts de mon âge ; j'étais babillard, gourmand, quelquefois menteur (L. I, p. 39).
>
> La tyrannie de mon maître finit [...] par me donner des vices [...] tels que le mensonge, la fainéantise, le vol (*ibid.*, p. 63).

Certaines farces d'enfant ne sont pourtant pas si innocentes : « je me souviens [...] d'avoir une fois pissé dans la marmite d'une de nos voisines, appelée Mme Clot » (L. I, p. 39). Mais le narrateur s'en amuse et se justifie avec désinvolture : « J'avoue même que ce souvenir me fait encore rire, parce que Mme Clot [...] était bien la vieille la plus grognon que je connus de ma vie » (*ibid.*). Ce ton n'est pas tout à fait celui d'une confession.

Si on laisse de côté ces fautes présentées comme mineures, il reste trois aveux particulièrement pénibles au narrateur :

– La première faute grave tient au plaisir coupable ressenti par l'enfant tandis que Mlle Lambercier lui administre la fessée. Le narrateur prend soin de classer ce plaisir non comme « criminel » mais comme « ridicule et honteux » (L. I, p. 48). Le masochisme[1] de Rousseau est donc plus étrange que vraiment coupable.

– Le second aveu porte sur le vol du ruban chez Mme de Vercellis et l'accusation d'une innocente. Jean-Jacques avoue ses torts. Mais il précise que ses mobiles étaient nobles. Il a accusé Marion, parce qu'il pensait à elle et voulait lui offrir le ruban dérobé. En outre, il ne l'a chargée que parce qu'il était intimidé. On ne lui a d'ailleurs pas laissé l'occasion de se rétracter : « Si l'on m'eût laissé revenir à moi-même, j'aurais infailliblement tout déclaré » (L. II, p. 127). Une dernière excuse est invoquée par Rousseau : par ses souffrances et ses remords, il a déjà expié sa faute. Dans cette confession, Jean-Jacques joue les deux rôles : celui du pénitent qui avoue et celui du prêtre qui accorde le pardon (ou « absout »). La conclusion du passage est évidemment en sa faveur :

> Si c'est un crime qui puisse être expié, comme j'ose le croire, il doit l'être par tant de malheurs dont la fin de ma vie est accablée, par quarante ans de droiture et d'honneur dans des occasions difficiles et la pauvre Marion trouve tant de vengeurs en ce monde que, quelque grande qu'ait été mon offense envers elle, je crains peu d'en emporter la coulpe avec moi (L. II, p. 128).

– La troisième faute de Jean-Jacques est d'avoir abandonné M. Le Maître malade à Lyon. Le narrateur ne s'attarde pas sur ce « troisième aveu pénible » (L. III, p. 177). Il l'explique par le désir de retrouver Mme de Warens et par une certaine

1. Voir note 2, p. 13.

étourderie propre à la jeunesse[1]. En outre, il se justifie implicitement de la faute par la difficulté de l'aveu. Faute avouée est donc déjà pardonnée ? C'est là une manière assez personnelle de pratiquer la confession.

Le titre de l'œuvre ne doit donc pas nous induire en erreur : Rousseau n'avoue ses fautes que pour s'en justifier.

SINCÉRITÉ ET VÉRITÉ

Bien que Rousseau proclame son absolue sincérité, l'exactitude des *Confessions* a souvent été remise en cause. Il est en effet difficile de croire que le narrateur a tout dit sur lui-même : il lui aurait fallu des milliers de pages. Il a nécessairement passé certaines choses sous silence. Il a pu involontairement en modifier d'autres. Ainsi, tout en étant sincère, Rousseau ne peut nous donner que sa version de la vérité.

Tout dire

L'insistance de Rousseau sur la vérité de ses aveux ne laisse aucun doute sur ses intentions. À ses yeux, la principale qualité de son texte est de ne rien dissimuler. Le cas est particulièrement frappant quand le narrateur évoque sa sexualité. Il avoue ses penchants masochistes en des termes aussi francs que précis. Il fait état de ses tendances exhibitionnistes. Il décrit honnêtement des travers qui ne sont pas suffisamment répandus pour bénéficier de l'indulgence générale. Rousseau s'affranchit à la fois des conventions sociales et du désir de plaire. On ne peut donc pas lui reprocher « la fausse naïveté de Montaigne, qui, faisant semblant d'avouer ses défauts, a grand soin de ne s'en donner que d'aimables » (L. X, p. 617). Tout dire, pour Rousseau, signifie dire ce qu'il préférerait passer sous silence.

---

1. Cette insouciance l'empêche sur le moment de se sentir fautif : « [...] quant à ma désertion, tout bien compté, je ne la trouvais pas si coupable. J'avais été utile à M. Le Maitre dans sa retraite ; c'était le seul exercice qui dépendît de moi. Si j'avais resté avec lui en France, je ne l'aurais pas guéri de son mal, je n'aurais pas sauvé sa caisse, je n'aurais fait que doubler sa dépense, sans lui pouvoir être bon à rien » (L. IV, p. 180-181).

Les limites inévitables à l'exactitude

La franchise du narrateur rencontre cependant des limites. Les premières tiennent aux imprécisions de la mémoire : « Il y a des lacunes et des vides que je ne peux remplir qu'à l'aide de récits aussi confus que le souvenir qui m'en est resté » (L. III, p. 178). D'autres sont imputables à la nécessité de faire tenir en quelques pages le récit d'une vie.

Le narrateur fait par conséquent des choix. Il ne retient qu'une seule anecdote savoureuse de sa vie à Bossey. S'il évoque les extravagances auxquelles le portent ses premiers désirs, il n'en cite qu'un exemple. Il mentionne des « scènes à pâmer de rire » (L. IV, p. 181) autour de Venture, mais nous n'en saurons pas davantage. Enfin, il parle de ses nuits à la belle étoile, quand il est à Lyon, mais il n'en évoque qu'une seule. Rousseau a opéré, entre les différents événements de sa vie, un choix qui ne peut être neutre et qui altère nécessairement la réalité.

Omissions et travestissements

Certaines contradictions apparaissent enfin entre *Les Confessions* et d'autres écrits de Rousseau. Elles nous apprennent que, dans les premiers Livres des *Confessions*, le narrateur a idéalisé ses relations avec Mme de Warens.

Avant leur rencontre, il se décrit comme un jeune homme plaisant : « j'étais bien pris dans ma petite taille ; j'avais un joli pied, la jambe fine, l'air dégagé, la physionomie animée, la bouche mignonne, les sourcils et les cheveux noirs, les yeux petits et même enfoncés, mais qui lançaient avec force le feu dont mon sang était embrasé » (L. II, p. 82-83). Dans *Rousseau juge de Jean-Jacques*, nous trouvons un autoportrait moins flatteur : « J.J. n'est assurément pas un bel homme. Il est petit et s'apetisse encore en baissant la tête. Il a la vue courte, de petits yeux enfoncés, des dents horribles[1] ». Les deux textes ne sont pas absolument contradictoires, d'autant que le premier décrit un jeune homme et l'autre un homme plus âgé. Mais assurément,

1. J.-J. Rousseau, « Rousseau juge de Jean-Jacques », *Œuvres complètes*, Gallimard, « Bibliothèque de la Pléiade », t. I, p. 777.

ils ne disent pas la même vérité. Dans *Les Confessions*, Rousseau opte pour un Jean-Jacques séduisant.

Mme de Warens apparaît de son côté comme une femme aussitôt conquise, qui ne rêve que de garder Jean-Jacques auprès d'elle. Elle ne s'en sépare que contre son gré : « Elle n'osa insister pour me faire rester : j'approchais d'un âge où une femme du sien ne pouvait décemment vouloir retenir un jeune homme auprès d'elle » (L. II, p. 90). Sa volonté d'être exact aurait dû mettre Rousseau en garde contre les interprétations de ce type. Car s'il lit ainsi dans les pensées de Mme de Warens, c'est qu'il la traite comme un personnage de roman et non comme une personne réelle dont on ne peut deviner les pensées.

Peut-être le silence de « Maman » a-t-il d'autres causes. Tient-elle tant à la compagnie de Jean-Jacques ? On remarque en effet que c'est elle qui, à chaque fois, prend l'initiative de se séparer de lui. Elle lui recommande d'aller à Turin, le place au séminaire d'Annecy, le met en pension chez Le Maître, puis l'envoie avec celui-ci à Lyon... C'est toujours lui qui retourne vers elle. Mais le narrateur a choisi d'ignorer cet aspect de leur relation et de montrer Mme de Warens comme une femme aimante. Sans avoir menti, il a retenu la version des faits qui lui convenait. Il a fait des premiers livres des *Confessions* un roman d'amour dont l'héroïne est « Maman ». Peut-être cette idylle était-elle nécessaire pour placer l'évocation de la jeunesse de Jean-Jacques sous le signe du bonheur perdu.

Les Confessions sont ainsi un ouvrage de bonne foi, dont l'exactitude peut pourtant être discutée. Le narrateur oscille entre la volonté d'être sincère et le désir de présenter sa propre vision des choses. L'une pousse à rapporter strictement les faits; l'autre incite à les présenter selon un point de vue personnel. Rousseau s'est heurté à la difficulté d'être fidèle à la vérité :

> Toutes les copies d'un même original se ressemblent, mais faites tirer le même visage par divers peintres, à peine tous ces portraits auront-ils entre eux le moindre rapport; sont-ils tous bons, ou quel est le mauvais ? Jugez des portraits de l'âme[1].

---

1. J.-J. Rousseau, « Mon portrait », *Œuvres complètes, op. cit.*, p. 1121-1122.

2 La structure des *Confessions*

L'ensemble des *Confessions* relève d'un schéma autobiographique[1]. Mais à l'intérieur de cet ensemble, les quatre premiers Livres sont construits comme un roman.

LE SCHÉMA AUTOBIOGRAPHIQUE

Un ordre chronologique

Les Confessions sont organisées comme l'est toute autobiographie. Rousseau justifie d'abord son projet. Il retrace ensuite sa vie en adoptant l'ordre chronologique. Dans le Livre I, il raconte sa naissance et son enfance. Dans le Livre II, il retrace son adolescence (jusqu'à l'âge de seize ans). Dans les Livres III et IV, il peint ses années de jeunesse (de la seizième à la vingtième année). Dans les Livres suivants, il parcourt les trois décennies au cours desquelles le jeune Jean-Jacques est devenu le « vieux fou » (L. I, p. 59) qui écrit. L'ordre chronologique n'est abandonné que de manière ponctuelle. Parfois, le narrateur annonce un événement qui se situe quelques années plus tard. Il peut aussi nous renvoyer à un épisode antérieur.

Les deux parties des *Confessions*

Les premières pages du Livre VII séparent la vie du narrateur en deux parties distinctes. Elles opposent nettement les six premiers et les six derniers Livres des *Confessions*.

La première partie de l'œuvre décrit « une vie égale, assez douce, sans de grandes traverses ni de grandes prospérités » (L. VII, p. 347). Jean-Jacques n'a pu « aller à rien de grand, soit en bien, soit en mal » (*ibid.*). Son enfance, puis sa jeunesse sont

---

1 Voir p. 25-26.

en effet celles d'un être ordinaire. Ses expériences et ses découvertes sont celles que fait tout un chacun entre sa naissance et sa vingtième année.

La seconde partie des *Confessions* (Livres VII à XII) comporte en revanche des épisodes frappants. Jean-Jacques correspond avec les grands écrivains du moment (Diderot, Grimm, Voltaire). Il fait représenter un opéra devant le roi (*Le Devin du village*). Il devient un personnage à la mode – avant de sentir qu'autour de lui s'est tramé un complot. Il lui semble qu'un « cri de malédiction » s'élève « contre lui dans toute l'Europe, avec une fureur qui n'eut jamais d'exemple » (L. XII, p. 700)... Ces épisodes hors du commun ne s'inscrivent pas dans la droite ligne des premiers Livres. Ils représentent plutôt leur contraire. Si la vie de Jean-Jacques nous intéresse à présent, c'est par son caractère extraordinaire. Ses succès et ses revers, ses amitiés et ses ruptures ont un aspect exceptionnel et frappant. Le temps est venu des « fautes énormes », des « malheurs inouïs », et de « toutes les vertus » (L. VII, p. 347).

Les Livres I à VI s'opposent encore aux Livres VII à XII par l'impression générale qui s'en dégage. Les six premiers sont écrits de manière assez légère, parfois tendre, parfois ironique. Ils peignent une existence pleine de rebondissements qui tournent généralement à l'avantage du héros. Dans les six derniers Livres, au contraire, chaque événement heureux est rapidement suivi d'une déception ou d'un malheur. Cette opposition est, elle aussi, formulée au début du Livre VII : « Le sort, qui durant trente ans favorisa mes penchants, les contraria durant les trente autres » (p. 347).

Les six premiers et les six derniers Livres des *Confessions* composent ainsi deux masses bien distinctes.

LES CARACTÉRISTIQUES D'UN ROMAN PICARESQUE

À l'intérieur de cet ensemble, les quatre premiers Livres sont construits à la manière d'un roman picaresque[1].

---

1. La composition romanesque des *Confessions* a été étudiée par Jean-Louis Lecercle. Nous résumons ici l'analyse qu'il développe dans *Rousseau et l'art du roman* (voir bibliographie p. 206).

Le roman picaresque est un genre littéraire né en Espagne au milieu du XVIe siècle. C'est le récit (à la première personne du singulier) des aventures d'un héros sympathique et malchanceux (le *picaro*). Celui-ci passe sans cesse – et généralement malgré lui – d'un milieu social à l'autre, d'une ville à l'autre, d'un amour à l'autre... Le roman picaresque le plus célèbre de la littérature française est *Gil Blas de Santillane*, de Lesage. Cette œuvre (parue entre 1715 et 1735) est citée à la fin du Livre IV des *Confessions*. Mlle du Châtelet le recommande à Jean-Jacques : « elle m'en parla, me le prêta, je le lus avec plaisir, mais je n'étais pas mûr encore pour ces sortes de lectures » (p. 225). Le mépris que le narrateur montre parfois à l'égard des romans épargne *Gil Blas*. Le roman de Lesage n'est pas présenté ici comme une lecture enfantine, mais comme une œuvre qui exige une certaine maturité.

Un parcours chaotique

Le héros des *Confessions* – qui est aussi le narrateur du récit – est un être ballotté par la fortune. Comme le *picaro*, il passe d'un univers à l'autre sans l'avoir vraiment souhaité. Heureux chez son père, Jean-Jacques en est chassé par une querelle qui met en jeu l'honneur paternel[1]. Dans la paix de Bossey, l'enfant « ardent, fier, indomptable » (L. I, p. 49) est condamné à un châtiment injuste. N'est-ce pas encore une affaire d'honneur ? Le jeune homme apprend le métier de procureur, celui d'horloger et devient bientôt vagabond. Les jours se suivent sans se ressembler !

À la douce hospitalité de Mme de Warens succède le rude hospice de Turin. Par la suite, adopté par Mme Basile, Jean-Jacques est chassé de chez elle par le retour de son mari. Il se rétablit en entrant en faveur auprès de l'abbé de Gouvon : « Tout allait à merveille. [...] les épreuves étaient finies » (L. III, p. 141). Il suffit d'une amitié subite pour que Jean-Jacques abandonne tout d'un coup le brillant avenir qu'il entrevoyait déjà. Le voilà à nouveau sur les routes... Jean-Jacques a un talent particulier pour les rencontres inattendues et les revers de fortune. « Tantôt

1. L'honneur tient une place considérable dans la littérature espagnole du XVIe siècle.

héros et tantôt vaurien » (L. III, p. 132), il suit exactement le parcours chaotique et romanesque du *picaro*.

Le découpage des Livres met nettement en valeur le caractère discontinu de cet itinéraire. Au terme du Livre I, Jean-Jacques se jette à seize ans sur les routes. Son avenir est pour le moins incertain. À la fin du Livre II, chassé de la maison de Mme de Vercellis, il est à nouveau sans abri. À la fin du Livre III, nouvelle déconvenue : « En arrivant je ne trouvai plus Mme de Warens » (p. 178). Cette fois encore, le héros se retrouve à la rue et tout est à reconstruire. Ses errances recouvrent le Livre IV, dont la dernière page marque un temps d'apaisement. Le roman picaresque s'achève sur l'intégration inespérée du *picaro* à la société.

La ronde des mauvais garçons

Les mauvais garçons qui peuplent les premiers Livres des *Confessions* semblent tout droit sortis des romans picaresques. Bâcle, « garçon très amusant, très gai, plein de saillies bouffonnes » (L. III, p. 141), est le premier d'entre eux. Jean-Jacques ne lui résiste guère : « Me voilà tout d'un coup engoué de M. Bâcle » (*ibid.*). Venture de Villeneuve surgit bientôt et Jean-Jacques se retrouve bien vite « venturisé » (L. IV, p. 198-199). Sous le nom d'emprunt de « Vaussore de Villeneuve », il devient lui aussi un imposteur et un mauvais garçon. Mais, moins doué que son maître, il ne parvient qu'à se ridiculiser. Parmi les personnages picaresques des premiers Livres des *Confessions*, figure encore « Monseigneur l'archimandrite » (L. IV, p. 205). Cet escroc de belle allure porte l'habit d'un prélat grec. Jean-Jacques va spontanément se transformer en secrétaire-interprète. Comme le valeureux *picaro*, le héros des *Confessions* est toujours guetté par la tentation de suivre des vauriens.

Une succession de ruptures

Les premiers Livres des *Confessions* font s'enchaîner rapidement des épisodes décousus. Ce mode de composition rappelle celui de la narration picaresque, qui est une succession d'aventures sans lendemain. Le *picaro* rencontre un personnage, fraternise avec lui, et l'abandonne aussitôt. C'est un être profondément solitaire, comme l'est aussi le héros des *Confessions*.

Jean-Jacques en effet n'a pas de vraies attaches familiales. Sa mère meurt à sa naissance. Son frère disparaît du jour au lendemain. Son père reste une figure lointaine : « je reçus toujours de lui des caresses de père, mais sans grands efforts pour me retenir » (L. II, p. 91). Le narrateur signale en outre, à la fin du Livre I, qu'il ne reverra jamais le cousin avec lequel il fut élevé. Les liens familiaux de Jean-Jacques se desserrent bien rapidement...

Il en va de même en matière d'amitié. Jean-Jacques ne tient guère plus à ses amis que ceux-ci ne tiennent à lui. Bâcle le quitte sans effusions ni regrets : « [...] il me dit : "Te voilà chez toi", m'embrassa, me dit adieu, fit une pirouette et disparut » (L. III, p. 146). Venture influence beaucoup Jean-Jacques, mais il ne se lie guère avec lui. Le personnage va pourtant ressurgir à la fin du Livre VIII. Mais aucune relation suivie ne s'ébauche entre Jean-Jacques et lui : « Je le vis presque avec indifférence et nous nous séparâmes assez froidement » (L. VIII, p. 484).

En amour, le héros se détourne rapidement des femmes dont il s'éprend. Il quitte ainsi Mme Basile (« dans peu, je l'oubliais », L. II, p. 119), Mlle du Breil (« bientôt je n'y pensais plus », L. III, p. 138), Mlle Galley et Mlle de Graffenried (« je les oubliai bientôt entièrement », L. IV, p. 201). Jean-Jacques est un héros sentimental mais inconstant.

Cette succession de rencontres sans lendemain fait de Jean-Jacques un héros proche du *picaro* solitaire. Toutefois, deux éléments interviennent pour lier entre elles les différentes séquences du récit :

– la peinture du moi sert de toile de fond à l'expérience. L'unité du roman de formation atténue la discontinuité du roman picaresque ;

– la présence de Mme de Warens établit un lien entre les différents moments de la formation du héros. Dans cette galerie de personnages fantasques et éphémères, elle incarne la stabilité et l'équilibre.

3 Le traitement du temps

Le traitement du temps est particulièrement riche dans *Les Confessions*. Car, en retraçant sa vie, Rousseau montre l'unité profonde du passé, du présent et de l'avenir. Il brouille nos repères pour nous faire découvrir sa propre conception du temps.

LE PASSÉ ET LE PRÉSENT

Temps du réel et temps du souvenir

Le lecteur qui découvre les premières pages du Livre I des *Confessions*, y discerne deux périodes bien distinctes : le présent et le passé.

Au moment où il commence son livre, un homme (qui parle au présent de l'indicatif) s'apprête à raconter sa vie : « Je forme une entreprise [...] Je veux montrer à mes semblables [...] » (L. I, p. 33). Cet homme est âgé : il se définit quelques pages plus loin comme un « vieux radoteur » (*ibid.*, p. 40), comme un « vieux fou » (*ibid.*, p. 59).

Pour retracer ses souvenirs, ce narrateur emploie les différents temps du passé :

– Le passé simple sert à rappeler une action brève et unique : « je *naquis* infirme et malade ; je *coûtai* la vie à ma mère, et ma naissance *fut* le premier de mes malheurs » (*ibid.*, p. 35).

– L'imparfait permet d'évoquer un état de fait ou une action qui dure : « J'*avais* un frère [...]. Il *apprenait* la profession de mon père. L'extrême affection qu'on *avait* pour moi le *faisait* un peu négliger » (*ibid.*, p. 38). Le narrateur utilise également l'imparfait quand il évoque des actions qui se répètent : « Quand il me *disait* : "Jean-Jacques, parlons de ta mère", je lui *disais* : "Hé bien ! mon père, nous allons donc pleurer", et ce mot seul lui *tirait* déjà des larmes » (*ibid.*, p. 36).

– Le passé composé, lui, correspond à des actions qui ont été accomplies autrefois, et dont le résultat est acquis au moment où le narrateur écrit : « Voilà ce que j'*ai fait*, ce que j'*ai pensé* [...]. J'*ai dit* le bien et le mal avec la même franchise. Je n'*ai* rien *tu* de mauvais, rien *ajouté* de bon » (L. I, p. 33). Le passé composé établit ainsi un lien entre les actions révolues et leur conséquence présente.

Le présent de narration

Le présent de l'indicatif ne renvoie pas pour autant uniquement au moment où le narrateur âgé compose son œuvre. Pour nous impliquer plus fortement dans certaines scènes – et parce qu'il les revit en les écrivant –, Rousseau use du présent de narration. C'est-à-dire qu'il relate au présent de l'indicatif des scènes qui ont eu lieu il y a bien longtemps. L'épisode de la correction injuste en est le premier exemple. Le lecteur a l'impression que l'action se déroule sous ses yeux : « On m'*interroge* : je *nie* d'avoir touché le peigne. M. et Mlle Lambercier se *réunissent*, m'*exhortent*, me *pressent*, me *menacent*; je *persiste* avec opiniâtreté » (*ibid.*, p. 49).

La plupart des scènes importantes des premiers livres sont, comme celle-là, au présent de narration. C'est le cas de la rencontre avec Mme de Warens : « Elle *prend* en souriant la lettre que je lui *présente* d'une main tremblante, l'*ouvre*, *jette* un coup d'œil sur celle de M. de Pontverre, *revient* à la mienne » (L. II, p. 84). C'est le cas du passage consacré au ruban volé : « on lui *montre* le ruban, je la *charge* effrontément; elle *reste* interdite, se *tait* » (L. II, p. 125). C'est encore le cas de l'idylle de Toune : « Je me *retourne*, on m'*appelle* par mon nom, j'*approche*, je *trouve* deux jeunes personnes de ma connaissance » (L. IV, p. 183).

L'utilisation du présent est directement liée à l'importance de la scène. Chaque fois qu'un souvenir est essentiel, le narrateur abandonne les temps du passé pour le présent de narration. Il met ainsi sur le même plan les instants anciens et le moment actuel. Le passé ressuscité recouvre l'instant présent.

L'ABOLITION DES REPÈRES HABITUELS

Quand il entame la lecture des *Confessions*, le lecteur possède ses propres repères. Passé, présent et futur sont pour lui trois périodes bien distinctes. Rousseau le surprend en insistant sur les liens qui unissent ces trois époques et sur les glissements qui se produisent parfois de l'une à l'autre. Il nous éclaire ainsi sur sa propre conception du temps.

La toute-puissance de la mémoire

La mémoire est au cœur du projet des *Confessions*. Elle est pour Rousseau (comme elle le sera pour Proust) un phénomène affectif profond, plutôt qu'une opération de l'esprit. C'est pourquoi elle engage tous les sens : « Non seulement je me rappelle les temps, les lieux, les personnes, mais tous les objets environnants, la température de l'air, son odeur, sa couleur » (L. III, p. 169). Il y a fusion totale entre le narrateur qui se souvient et le héros qui découvre la vie, entre Rousseau âgé et Jean-Jacques enfant.

Tous deux sont en effet liés par une sorte d'osmose. Ils éprouvent les mêmes sentiments. « Dans les situations diverses où je me suis trouvé », écrit le narrateur, « quelques-unes ont été marquées par un tel sentiment de bien-être, qu'en les remémorant j'en suis affecté comme si j'y étais encore » (*ibid.*). De même, l'adulte participe physiquement aux colères de l'enfant : « Je sens en écrivant ceci que mon pouls s'élève encore » (L. I, p. 50). Par des phrases de ce type, le narrateur montre qu'aucune distance ne le sépare de l'enfant ou du jeune homme d'autrefois. Il ressent toutes les joies ou les déceptions qu'il évoque. En ce sens, l'écriture abolit le temps.

Le présent insaisissable

Le passé s'empare ainsi du présent, et la vie véritable est celle des souvenirs. Le moment présent n'est pour ainsi dire pas vécu par le narrateur. « Je ne sais rien voir de ce que je vois », écrit-il, « de tout ce qu'on dit, de tout ce qu'on fait, de tout ce qui se passe en ma présence, je ne sens rien, je ne pénètre rien » (L. III, p. 160). Jean-Jacques, en somme, ne vit pas sa vie.

En revanche, sa mémoire lui restitue les faits avec une étonnante précision : « je ne vois bien que ce que je me rappelle, et je n'ai de l'esprit que dans mes souvenirs » (L. III, p. 160). Inscrit dans le moment présent, insaisissable et fugitif, l'événement n'est rien. Dès qu'il est restitué par la mémoire, il prend son sens et devient matière à réflexion. Parce que le temps véritable est le temps du cœur, le présent n'existe que grâce au souvenir.

Signes et annonces

Rousseau aime faire surgir l'avenir au cœur du passé. Il se plaît à souligner que les premiers moments de sa vie portent en eux le germe de tous les moments à venir. Les instants que passe Jean-Jacques auprès de sa tante Suson sont le début d'une vocation : « Je suis persuadé que je lui dois le goût ou plutôt la passion pour la musique, qui ne s'est développée en moi que longtemps après » (L. I, p. 40). L'enfant que l'on berce est déjà le compositeur qui fera jouer un opéra devant le roi. Ici, c'est l'influence d'un être – la tante Suson – qui fait le lien entre les époques. Mais il suffit parfois d'un incident mineur. Un paysan méfiant hésite à servir un vrai déjeuner à Jean-Jacques. Voilà le point de départ d'une révolte tenace : « Ce fut là le germe de cette haine inextinguible qui se développa depuis dans mon cœur contre les vexations qu'éprouve le malheureux peuple et contre ses oppresseurs » (L. IV, p. 217). Au début des *Confessions*, Rousseau multiplie les annonces de ce type, preuves que l'avenir était déjà écrit dans les premières sensations.

Avec un sens saisissant de l'image, il transforme ses intuitions en autant de signes du destin. Quand le pont-levis de Genève remonte au loin, lui interdisant de rentrer dans la ville, le jeune homme pressent ce qui l'attend : « je frémis en voyant en l'air ces cornes terribles, sinistre et fatal augure du sort inévitable que ce moment commençait pour moi » (L. I, p. 76). Tous les malheurs de Jean-Jacques sont contenus dans l'image diabolique des « cornes terribles ». Est-ce le héros qui voit soudain son avenir se dresser devant lui ? Est-ce le narrateur qui récrit le passé à la lumière de l'expérience ? Il semble en tout cas que le passé et l'avenir soient ici confondus. Rousseau abolit nos repères temporels en retraçant le cours de sa propre vie.

Le temps réel et le temps du cœur

Rousseau oppose le temps réel, le temps objectif, celui qu'on mesure, et le temps intérieur, celui du sentiment. L'un et l'autre se recoupent rarement. Le sentiment change l'instant fugitif en une éternité. Jean-Jacques tombe à genoux devant Mme Basile. Ce moment s'inscrit dans une durée intérieure qui ne doit rien au temps des horloges : « Rien de tout ce que m'a fait sentir la possession des femmes ne vaut les deux minutes que j'ai passées à ses pieds » (L. II, p. 116). À propos de la journée de Toune, le narrateur écrit en écho : « Douze heures passées ensemble nous valaient des siècles de familiarité » (L. IV, p. 187). Le temps des hommes se mesure en heures et celui du sentiment en siècles. Rousseau semble prendre plaisir à affirmer ainsi que le temps réel compte à peine, comparé au temps du cœur.

LE RYTHME DU RÉCIT

Les quatre premiers livres des *Confessions* retracent vingt ans de la vie d'un homme. Bien que leur longueur soit identique (ils représentent chacun une cinquantaine de pages environ), ils ne recouvrent pas une durée égale. C'est ce que montre le tableau suivant :

Texte	Période évoquée	Durée évoquée
Livre I (45 pages)	De 1712 au mois de mars 1728	16 ans
Livre II (49 pages)	De mars 1728 à décembre 1728	9 mois
Livre III (50 pages)	De décembre 1728 à avril 1730	16 mois
Livre IV (50 pages)	D'avril 1730 à octobre 1731	17 mois

Des ruptures de rythme

La rupture de rythme la plus nette se produit entre les Livres I et II. L'un parcourt seize ans et l'autre seulement neuf mois de la vie de Jean-Jacques ! Dans le Livre I, le narrateur escamote les années. La manière dont il condense ses souvenirs est intéressante. Ici, en effet, aller vite ne signifie pas résumer. Rousseau consent à sacrifier certains souvenirs pour s'attarder plus longuement sur d'autres :

> Que n'osé-je [...] raconter [...] toutes les petites anecdotes de cet heureux âge [...] ! Cinq ou six surtout... Composons. Je vous fais grâce des cinq ; mais j'en veux une, une seule, pourvu qu'on me la laisse conter le plus longuement qu'il me sera possible, pour prolonger mon plaisir (L. I, p. 52).

Si le narrateur consent à élaguer, il ne renonce pas à « prolonger son plaisir » : il ne veut pas passer trop vite sur certains instants.

La mise en relief des instants de bonheur

C'est sur les moments heureux que s'attarde le narrateur. C'est parce que l'histoire du noyer le fait encore « tressaillir d'aise » (*ibid.*) qu'il choisit de la raconter. De la même manière, il décrit dans le détail la plaisante journée passée à Toune avec Mlle Galley et Mlle de Graffenried. Il justifie encore la minutie de certaines évocations par un désir de restituer un souvenir heureux ou de livrer au lecteur une évocation complète : « Je sais bien que le lecteur n'a pas grand besoin de savoir tout cela, mais j'ai besoin, moi, de le lui dire » (*ibid.*). En revanche, il va très vite sur les périodes ternes de son existence. Le morne hiver 1730-1731 est ainsi escamoté : « Je ne saurai dire combien de temps je demeurai à Lausanne. Je n'apportai pas de cette ville des souvenirs bien rappelants » (L. IV, p. 205). Les « souvenirs bien rappelants » sont les souvenirs heureux.

Or Jean-Jacques n'éprouve jamais le bonheur que de manière fugitive. Les « tête-à-tête assez courts » avec Mlle Goton (L. I, p. 59) ne durent pas plus que les « courts moments » passés auprès de Mme Basile (L. II, p. 112). Le triomphe, « court, mais délicieux », auprès de Mlle de Breil (L. III, p. 138) n'a guère plus d'avenir que les « éphémères amours » de Toune (L. IV, p. 188).

Ces instants heureux, complaisamment évoqués, ont toujours été brefs.

Ainsi apparaît un paradoxe qui caractérise les premiers Livres des *Confessions*. Le narrateur s'attarde sur les moments heureux (qui passent très vite) alors qu'il néglige les autres (qui durent davantage). En d'autres termes, il décrit longuement ce qui dure peu, et passe rapidement sur ce qui a duré longtemps. Le rythme inégal du récit est une des libertés que s'accorde Rousseau dans l'évocation de sa vie. À ses yeux, la perception affective du temps compte bien plus que le temps lui-même.

4 L'espace, entre réalité et imagination

Jean-Jacques est un marcheur infatigable. En parcourant des kilomètres à pied, il prend possession du « vaste espace du monde » (L. II, p. 79). Au fil de sa rêverie, il le recrée à sa fantaisie.

À LA DÉCOUVERTE DU MONDE

Dans les premiers Livres des *Confessions*, Jean-Jacques se lance à la découverte de la Suisse, du royaume de Sardaigne, puis de la France. Il lui semble que le monde entier s'ouvre à lui.

Le Livre I est le moins riche en explorations. À Bossey, Jean-Jacques s'initie aux joies de la campagne. Plus tard, il s'aventure aux alentours de Genève et goûte pour la première fois la liberté du vagabondage. Ce sont là ses seuls déplacements. Mais dès le Livre II, Jean-Jacques s'empare d'horizons plus vastes. Il quitte la Suisse et pénètre dans le royaume de Sardaigne[1]. Errances entre Genève et Annecy, voyage à Turin et promenades à travers cette « grande ville » (L. II, p. 95) sont les points forts de ce parcours. Le Livre III ramène Jean-Jacques de Turin à Annecy. Viennent alors les premières incursions en France : le héros se rend à Lyon et Mme de Warens à Paris. Au Livre IV, Jean-Jacques voyage à travers la Suisse, puis il se rend à Paris et à Lyon, et de là, rejoint « Maman » à Chambéry. Il est désormais un grand voyageur.

Non seulement les destinations de Jean-Jacques sont de plus en plus lointaines, mais ses déplacements sont de plus en plus fréquents. Tous les voyages évoqués dans les premiers Livres

1. Annecy et Turin appartiennent alors à la Sardaigne. Voir la carte p. 15.

se déroulent dans un laps de temps assez court. Ils se situent entre 1728 (date de la fuite hors Genève) et 1731 (date de l'installation à Chambéry chez Mme de Warens). Un autre élément montre l'aisance acquise par Jean-Jacques dans l'art du voyage : il devient autonome. Dans un premier temps (exception faite de la fugue genevoise), il évite de se lancer seul sur les routes. Il lui faut la compagnie des Sabran pour aller à Turin, et celle de Bâcle pour en revenir. Puis il s'aguerrit et c'est lui qui sert de guide à ses compagnons. Il conduit ainsi M. Le Maître jusqu'à Lyon et ramène Merceret à Fribourg. Dans le Livre IV, il est devenu un promeneur solitaire et peut affirmer avec fierté : « Je *voyageais*, je *voyageais* à pied, et je *voyageais* seul » (p. 210). La répétition du verbe a quelque chose de triomphant.

Par la marche, Jean-Jacques opère un double mouvement de conquête. Il s'approprie d'abord l'espace qui l'environne. L'ivresse du parcours lui assure la possession des lieux : « Je dispose en maître de la nature entière » (p. 215). Il découvre ensuite sa vraie personnalité : « Jamais je n'ai tant pensé, tant existé, tant vécu, *tant été moi*, si j'ose ainsi dire, que dans les voyages que j'ai faits seul et à pied » (*ibid.*). La conquête du monde est aussi une conquête de soi.

L'ESPACE RÊVÉ ET L'ESPACE RÉEL

L'espace que traverse Jean-Jacques est un lieu d'épanouissement et de liberté, que le promeneur recrée à sa fantaisie.

La recréation des lieux

Le parcours de Jean-Jacques est jalonné de souvenirs de ses lectures qui enrichissent sa vision des lieux. À chaque étape, le héros croit trouver « des trésors » et « des maîtresses » (L. II, p. 79), comme dans les contes ou les romans qu'il a lus enfant. Quand il se dirige vers Turin, il s'identifie à Hannibal[1] traversant

1. Rousseau écrit « Annibal ». Ce général carthaginois (qui vécut au IIe et au IIIe siècles av. J.-C.) décida d'attaquer Rome en passant par le nord de l'Italie. Parti d'Afrique du Nord (Carthage est sur le territoire de

les Alpes (L. II, p. 94). S'approchant du Forez[1], il voudrait suivre la trace des personnages de *L'Astrée* d'Honoré d'Urfé (L. IV, p. 217-218). Ailleurs, c'est à sa propre œuvre que Rousseau fait référence. Il évoque les bords du lac de Genève en rappelant qu'ils forment le décor de son roman *La Nouvelle Héloïse*. L'évocation des lieux est jalonnée de références littéraires qui parent les paysages de poésie et de mystère.

Le rêve modifie également l'espace en le peuplant de tableaux imaginaires. Le voyageur se berce de scènes galantes : « j'imaginais [...] dans les prés, de folâtres jeux, [...] de voluptueux tête-à-tête » (L. II, p. 94). Il se forge, à chaque étape, des visions de joie et d'abondance : « nous n'imaginions partout que festins et noces » (L. III, p. 144). Ailleurs, le promeneur hésite entre la gloire, qui le transporte « au milieu du feu et de la fumée », et la paix, qui le fait songer à ses « chères bergeries » (L. IV, p. 211). Jean-Jacques est plus souvent dans ses rêves que dans les lieux qu'il parcourt. Il voyage ainsi dans ce qu'il appelle lui-même le « pays des chimères » (*ibid.*, p. 216), expression où s'unissent judicieusement la géographie et l'imagination.

Un espace intérieur

Plutôt que les lieux eux-mêmes, Jean-Jacques aime ce que ces lieux lui évoquent. Le pays de Vaud lui inspire « une impression composée du souvenir de Mme de Warens qui y est née, de [s]on père qui y vivait, de Mlle de Vulson qui y eut les prémices de [s]on cœur » (*ibid.*, p. 203). Cette sensation ne doit rien aux lieux eux-mêmes. Elle s'explique par l'histoire de Jean-Jacques. Le narrateur s'attendrit sur tous les endroits où il a été heureux. Il voudrait retourner à Bossey pour arroser de ses pleurs le noyer de son enfance (L. I, p. 56). Il a souvent « mouillé de [s]es larmes et couvert de [s]es baisers » (L. II, p. 83) l'endroit de sa rencontre avec Mme de Warens. Il ne peut passer à Genève sans ressentir une « défaillance de cœur » (L. IV, p. 194). Sa ville natale lui inspire des images de liberté et de douceur, dont Jean-Jacques

---

la Tunisie actuelle), il débarqua en Espagne, longea les côtes de l'Espagne puis de la Gaule, et arriva en Italie après avoir franchi les Alpes.

1. Il s'agit d'un ancien comté qui se trouve aujourd'hui dans le département de la Loire. Il est arrosé par le Lignon, qui est un affluent de la Loire. Sur *L'Astrée*, voir p. 67.

sait bien qu'il les tire en fait de lui-même : « Je croyais voir tout cela dans ma patrie, parce que je le portais dans mon cœur » (L. IV, p. 194). À travers l'amour qu'il porte aux lieux, Jean-Jacques montre surtout son attachement pour ses souvenirs et ses rêves.

Réalité et imagination

Rousseau préfère toujours l'imagination à la réalité, qu'il juge fade et décevante. À Paris, il découvre « de petites rues sales et puantes, de vilaines maisons noires », alors qu'il s'attendait à « des palais de marbre et d'or » (L. IV, p. 211). Il est déçu en voyant l'Opéra, comme il le sera en visitant Versailles ou en découvrant la mer (*ibid.*, p. 212). C'est qu'« il est impossible aux hommes et difficile à la nature elle-même de passer en richesse [s]on imagination » (*ibid.*, p. 211). Jean-Jacques en prend son parti et se réfugie dans ses rêves. Il ne songe qu'un instant à comparer les bords du Lignon aux images que lui a laissées la lecture de *L'Astrée*. Très vite, il renonce à chercher dans la réalité les personnages du célèbre roman. Il laisse ainsi le dernier mot à la rêverie.

Jean-Jacques parle volontiers de son goût pour les lieux. Toutefois, sa sensibilité aux paysages tient moins à ses facultés d'observation qu'à son aptitude à enrichir le réel par l'imagination.

LES PAYSAGES ROUSSEAUISTES

On parle parfois de « paysages rousseauistes » ou de « paysages à la Rousseau ». Ces expressions rendent hommage à la vivacité avec laquelle l'auteur a décrit certains sites et créé en quelque sorte un monde à son image.

Un paysage de lacs et de montagnes

Un paysage rousseauiste n'est pas seulement un lieu qu'a visité Jean-Jacques. Celui-ci parcourt en effet plusieurs régions sans que les paysages qu'il traverse soient pour autant évoqués. Rien n'est dit de très précis de la route qu'il fait de la Suisse vers

Paris, ni du trajet qui le conduit de Paris vers Lyon. Les seules références à ces voyages sont littéraires ou psychologiques. Ces sites n'intéressent pas Jean-Jacques et le narrateur ne les évoque que de manière allusive.

Il aime en revanche décrire la Suisse ou les Alpes et leur décor de lacs et de montagnes. Le lac de Genève a sa préférence. Sa beauté apaise et fait rêver d'« une vie heureuse et douce » (L. IV, p. 203). Les montagnes stimulent l'énergie du marcheur et éveillent la nostalgie du rêveur. Elles nourrissent aussi l'inspiration de l'écrivain : « Je suis, en racontant mes voyages, comme j'étais en les faisant; je ne saurais arriver » (*ibid.*, p. 227). Au fur et à mesure que Jean-Jacques parcourt le monde, le narrateur nous recommande les sites qui lui sont chers : « Allez à Vevey, visitez le pays, [...] promenez-vous sur le lac » (*ibid.*, p. 204). Le lecteur trouve ainsi dans *Les Confessions* une sorte de guide des « paysages à la Rousseau ».

Une nature sauvage et solitaire

À la fin du Livre IV, le narrateur détaille les caractéristiques des lieux qu'il aime. « On sait déjà ce que j'entends par un beau pays », écrit-il (p. 227). Il s'exprime alors sur un ton exigeant[1] : « *il me faut* des torrents, des rochers, des sapins, des bois noirs, des montagnes, des chemins raboteux à monter et à descendre, des précipices à mes côtés qui me fassent bien peur » (*ibid.*). Bien avant le début du XIXe siècle, Rousseau détaille les composantes de ce qui deviendra le paysage romantique. Les rêveurs nostalgiques qui lui succéderont (notamment Chateaubriand et Lamartine) rechercheront à leur tour une nature sauvage et austère, propice à la méditation.

Jean-Jacques aime les décors sévères et solitaires. Son tempérament intrépide lui fait apprécier torrents et précipices. Ce promeneur conquérant veut s'emparer de sites difficiles où retentissent le « mugissement » des cascades et « les cris des corbeaux et des oiseaux de proie » (*ibid.*). Alors qu'il est sujet au

1. Le tour « *il me faut* des torrents » a quelque chose d'intraitable : Jean-Jacques voudrait disposer des lieux à sa guise. On trouve la même construction quand le narrateur évoque le lac de Genève : « *Il me faut absolument* un verger au bord de ce lac et non pas d'un autre ; *il me faut* un ami sûr, une femme aimable, une vache et un petit bateau » (L. IV, p. 203).

vertige, Jean-Jacques contemple des gouffres. Rousseau juxtapose avec humour l'évocation de l'effroi et celle du bien-être. « Je pouvais [...] gagner des vertiges tout à mon aise », écrit-il (L. IV, p. 227). Il ajoute : « Ce qu'il y a de plaisant dans mon goût pour les lieux escarpés, c'est qu'ils me font tourner la tête, et j'aime beaucoup ce tournoiement » (*ibid.*). Cette sensation est révélatrice de la manière dont Jean-Jacques s'installe au cœur de la nature. La proximité des éléments n'est qu'un point de départ qui enflamme son imagination. Dans *Les Confessions*, Rousseau ne cherche pas à décrire fidèlement les lieux qu'il visite. Il invente, en se laissant aller à la rêverie, un monde qui lui ressemble.

5 Diversité et unité du moi

À la première page des *Confessions*, Rousseau se présente en ces termes : « Voilà ce que j'ai fait, ce que j'ai pensé, ce que je fus » (L. I, p. 33). Action, réflexion et identité forment un tout indivisible qui définit le moi.

C'est à travers sa diversité et ses métamorphoses que Rousseau présente le moi. Il en souligne néanmoins l'unité, faite de « bizarrerie » ou de « folie ».

DIVERSITÉ ET MÉTAMORPHOSES

Un caractère changeant

Jean-Jacques est extraordinairement changeant et mobile. Son caractère est une étrange alliance de traits opposés. Avec « un tempérament très ardent, très lascif, très précoce » (*ibid.*, p. 47), le héros est le contraire d'un débauché. En outre, il possède à la fois « des passions très vives, impétueuses, et des idées lentes à naître, embarrassées et qui ne se présentent jamais qu'après coup » (L. III, p. 158). « On dirait que mon cœur et mon esprit n'appartiennent pas au même individu », commente le narrateur (*ibid.*). Ces « prétendues contradictions » (L. I, p. 71) amusent Rousseau qui prend plaisir à les souligner. Jean-Jacques peut être aussi bien intrépide que timide. Le narrateur amplifie cette opposition sur le mode comique. Il décrit sa fougue en ces termes : « rien n'égale mon impétuosité [...], l'univers n'est plus rien pour moi » (*ibid.*, p. 69). Et nous lisons, deux lignes plus bas : « une mouche en volant me fait peur ».

L'instabilité de Jean-Jacques est déconcertante. « Il y a des moments où je suis si peu semblable à moi-même qu'on me prendrait pour un *autre homme* de caractère tout opposé », nous prévient le narrateur (L. III, p. 175). L'idée est reprise par la suite : « J'ai déjà noté des moments de délire inconcevable où *je n'étais plus moi-même* » (L. IV, p. 198). Nous verrons en effet l'élève sérieux de l'abbé de Gouvon s'enticher tout d'un coup de l'insouciant Bâcle (L. III, p. 141-142). Nous entendrons le jeune homme timide prendre hardiment la parole devant le sénat de Berne (L. IV, p. 207). Le lecteur est tenté de conclure comme Rousseau : « Quelle différence dans les dispositions du *même homme* ! » (*ibid.*). Si l'on prend le texte à la lettre, Jean-Jacques est à la fois « *un autre homme* » (L. III, p. 175) et « *le même homme* » (L. IV, p. 207). Ces deux expressions soulignent l'instabilité et la continuité du moi.

Les métamorphoses de Jean-Jacques

Jean-Jacques se glisse avec souplesse dans d'autres identités que la sienne. À Turin, pour se tirer d'un mauvais pas, il se fait passer pour un « jeune étranger de grande naissance » à l'esprit dérangé (L. III, p. 131). Quand il voyage en Suisse, il se proclame soudain musicien et change « son nom ainsi que sa religion et sa patrie » (L. IV, p. 198). Le voilà devenu « Vaussore de Villeneuve ». Plus tard (au Livre VI), il s'invente encore, au cours d'un voyage, une nouvelle identité. Il se baptise Dudding et se dit anglais, sans savoir un mot de sa prétendue langue maternelle ! Jean-Jacques a le don des métamorphoses. Signe de cette mobilité, son nom se prête à de légères variations. Le narrateur se nomme tour à tour « Jean-Jacques » (L. I, p. 36), « Rousseau » (*ibid.*, p. 59), « J.J. Rousseau[1] » (L. II, p. 99). À l'occasion, Jean-Jacques utilise même l'anagramme Vaussore[2]. Ces noms, qui désignent la même personne, sont chaque fois un peu différents. L'auteur nous dit par là que le moi, pourtant unique, est toujours d'une extrême mobilité.

1. Dans *Rousseau juge de Jean-Jacques*, il est question de « J.-J. ».
2. Un *anagramme* est un mot composé à l'aide des lettres d'un autre mot, placées dans un ordre différent. Avec les lettres de Rousseau, Jean-Jacques compose le nom de Vaussore : il a changé le U en V, le U majuscule étant souvent noté V.

L'UNITÉ DU MOI

Montrer toutes les facettes d'un être

Dans *Les Confessions*, Rousseau veut peindre tous les aspects de sa personne. Il prétend se définir tel qu'il est, « *intus, et in cute* » (« intérieurement, et sous la peau », L. I, p. 33). C'est là une entreprise considérable. De plus, en se soumettant à notre jugement, Rousseau nous assigne une tâche complexe. Il veut que nous cernions son être profond. Il faut donc que nous apprenions à reconnaître Jean-Jacques sous les différents masques qu'il peut porter. Il faut aussi que nous le suivions dans toutes les aventures dans lesquelles il s'engage.

Pour montrer toutes les facettes du moi, le narrateur instaure entre lui et nous une familiarité de tous les instants. Il met en valeur la continuité qui unit tous les moments de sa vie : « pour me connaître dans mon âge avancé, il faut m'avoir bien connu dans ma jeunesse » (L. IV, p. 229). Il évite par ailleurs de s'en tenir à une seule perspective, ou de ne signaler que les principaux traits de son caractère. « Je voudrais pouvoir en quelque sorte rendre *mon âme* transparente, aux yeux du lecteur », dit-il, « et pour cela je cherche à la lui montrer sous *tous les points de vue* » (*ibid.*). Ce balancement entre le singulier et le pluriel est révélateur : Rousseau a une seule âme dont les facettes sont multiples. Le but des *Confessions* est de remonter au principe unique qui se cache derrière la diversité des apparences.

Saisir l'unité profonde du moi

La démarche du narrateur est non seulement descriptive mais aussi analytique. Il veut à la fois peindre et expliquer le moi. Il s'attache ainsi à montrer les contradictions apparentes de sa personnalité, puis il souligne la cause unique qui justifie la bizarrerie de son comportement. Le cas est frappant quand Rousseau aborde le problème de l'argent. Jean-Jacques est à la fois avare et incapable de convoiter un bien. Pour le narrateur, ces deux attitudes tiennent à un seul trait de caractère : le goût de la liberté. Et il explique ainsi son point de vue : « L'argent qu'on possède est l'instrument de la liberté; celui qu'on pourchasse est celui de la servitude » (L. I, p. 71). Un même besoin d'indépendance explique donc l'avarice et l'absence de cupidité. Deux autres traits de Jean-Jacques semblent opposés : il méprise l'argent tout en étant dépensier. Le narrateur dégage à nouveau l'unité de ces travers opposés : « mon désintéressement n'est donc que paresse ; [...] ma dissipation n'est encore que paresse » (*ibid.*). Le même Jean-Jacques peut donc sans incohérence mépriser l'argent et le dépenser sans limite.

« L'AIR LE PLUS BIZARRE ET LE PLUS FOU » (L. II, p. 92)

La « bizarrerie »

Jean-Jacques se présente à nous comme un personnage singulier, étrange, fantasque. Le mot « bizarre » revient souvent pour définir sa conduite. Ce jeune homme ayant des « notions bizarres » de la vie (L. I, p. 37), avoue son « goût bizarre » (*ibid.*, p. 46) pour la fessée, la « bizarrerie » de son comportement (*ibid.*, p. 69), la manière dont il rêve « bizarrement » des femmes (*ibid.*, p. 129). Ce terme était rare avant d'être utilisé par Rousseau, qui contribua à le rendre plus fréquent et à le débarrasser de sa valeur péjorative.

La bizarrerie est la clef du caractère de Jean-Jacques. C'est par ce trait que le héros se distingue des autres hommes. Le mot est révélateur de la finesse psychologique de Rousseau. En effet, l'adjectif « bizarre » pose plus de questions qu'il n'en résout. Énigmatique et imprécis, il ne réduit pas l'être à un seul trait. Molière a pu prendre des termes comme « avare » ou « misanthrope » pour titres de ses comédies. Ils réduisent en effet le personnage à un seul trait et permettent la caricature. Le mot « bizarre » ouvre au contraire une série d'interrogations et d'interprétations. Il est au point de départ de l'enquête qu'entreprend Rousseau sur le moi.

La référence à la « bizarrerie » n'incite pas seulement à réfléchir sur le caractère du personnage. Elle structure également le texte en servant de charnière entre le récit et l'analyse psychologique. Quand il évoque une attitude étrange, le narrateur s'interrompt aussitôt pour tenter de l'expliquer. Il justifie alors ce passage de la narration à l'explication : « Cette bizarrerie tient à une des singularités de mon caractère ; elle a eu tant d'influence sur ma conduite qu'il importe de l'expliquer » (L. I, p. 69). Rousseau a plusieurs fois recours à ce type de transition. Il met l'accent sur tout ce qui peut nous surprendre en lui : « Voici encore une autre folie romanesque dont jamais je n'ai pu me guérir » (L. II, p. 116), « Je touche à un de ces traits caractéristiques qui me sont propres, et qu'il suffit de présenter au lecteur » (L. III, p. 141).

Le narrateur mentionne souvent sa singularité pour annoncer ce qui va suivre :

> On verra plus d'une fois dans la suite les *bizarres* effets de cette disposition [...] (L. I, p. 75) ;
>
> ce que j'ai à dire dans le livre suivant est presque [...] entièrement ignoré. Ce sont les plus grandes *extravagances* de ma vie (L. III, p. 177).

La « bizarrerie » de Jean-Jacques rythme ainsi *Les Confessions*. Elle interrompt la narration pour introduire un développement analytique, et éveille en même temps notre curiosité.

La « folie »

Un autre terme revient souvent pour caractériser le moi : celui de « folie ». Le narrateur, ce « vieux fou » (L. I, p. 59), insiste sur la « folie » de son tempérament (*ibid.*, p. 47), de ses amours (*ibid.*, p. 58), de sa fuite hors de Genève (L. II, p. 81). Ce sont au fond toutes ses expériences qu'il nomme ses « folies » (L. III, p. 177). Il désigne ainsi l'originalité de son caractère. Sa « folie » est sans doute ce qui n'appartient qu'à lui. Le terme est à la fois orgueilleux et humble. Le narrateur dit avec fierté qu'il peut être « amoureux à la *folie* » (L. I, p. 58). Mais il mentionne avec un peu de honte sa sexualité étrange, « goût bizarre toujours persistant et porté [...] jusqu'à la *folie* » (*ibid.*, p. 46). Le narrateur est à la fois fier et gêné de sa singularité.

L'emploi ambigu du mot « folie » résume ce mélange d'arrogance et de timidité qu'on sent souvent chez Rousseau. La force du moi tient en effet à son caractère unique, irréductible à ce que sont les autres hommes. « Si je ne vaux pas mieux, au moins je suis autre » (*ibid.*, p. 33), revendique Rousseau. Mais ce héros orgueilleux se trouble dès qu'il doit affronter autrui. Le sentiment d'être différent le conduit alors à un repli sur lui-même. En employant le terme de « folie », Rousseau tout à la fois s'affirme et s'excuse.

La valeur du moi apparaît ici comme le point central des *Confessions*. Rousseau ne cherche jamais à ressembler à son lecteur. Si Jean-Jacques est proche de nous, ce n'est pas parce qu'il a passé sous silence l'étrangeté de sa conduite. C'est parce qu'il a montré à quel point il est, comme chacun de nous, différent des autres.

6 L'enfance : du souvenir aux mythes

Pour Rousseau, l'enfance est plus qu'un âge privilégié. C'est un état d'innocence dont il parle toujours avec respect. Le narrateur ne se contente pas de rappeler ses premiers souvenirs. Il présente une conception originale de l'enfance, qui s'appuie sur trois grands mythes[1] de l'innocence perdue.

LES SOUVENIRS D'ENFANCE

Une mémoire intacte

Les souvenirs d'enfance sont traités par Rousseau avec un soin particulier. D'abord parce que le narrateur observe en lui ce phénomène bien connu : la mémoire conserve parfaitement l'empreinte des premières années. Le cerveau retient paradoxalement moins bien ce qui est plus récent. Le narrateur explique ce mécanisme à sa manière. Tout se passe, écrit-il, « comme si, sentant déjà la vie qui s'échappe, je cherchais à la ressaisir par ses commencements » (L. I, p. 52).

Mais le pressentiment de la mort n'explique pas à lui seul l'étonnante clarté des souvenirs d'enfance. S'ils reviennent facilement à l'esprit du narrateur, c'est aussi qu'ils appartiennent à un « heureux âge » (*ibid.*), dont l'évocation le réconforte. Rousseau – qui, le plus souvent, se plaint de sa vie – isole ses premières années de la longue suite de ses souffrances. Il parle avec nostalgie de « la sérénité de [s]a vie enfantine » (L. I, p. 51), des « charmes » (*ibid.*), puis de « l'éclat de [s]on enfance » (*ibid.*, p. 62).

---

1. Un *mythe* est un récit à caractère religieux ou philosophique. À l'aide de symboles, il répond aux questions que nous nous posons sur nous-mêmes : Qui sommes-nous ? D'où venons-nous ? Où allons-nous ?

La supériorité de l'enfant

Il arrive qu'écrivant ses Mémoires, un homme aime mesurer le chemin qu'il a parcouru durant son existence. L'accession à la maturité est alors envisagée comme un progrès. Dans *Les Confessions*, Rousseau fait l'inverse. Il considère ses premières années comme les plus heureuses de son existence. Quand l'enfance disparaît, il faut se résigner au triste privilège d'être considéré comme un homme. Rousseau le souligne avec ironie lorsqu'il évoque le changement d'attitude de Mlle Lambercier à son égard : « j'eus désormais l'honneur, dont je me serais bien passé, d'être traité par elle en grand garçon » (L. I, p. 45). La maturité et les marques d'estime qui l'accompagnent n'ont ici rien d'enviable. En outre, le narrateur ne s'enorgueillit jamais d'être devenu plus sage ou plus fin en accédant à l'âge adulte.

L'ENFANCE VUE PAR ROUSSEAU

« Respectez l'enfance »

Dans son traité d'éducation intitulé *Émile*[1], Rousseau bouleverse la conception que l'on se faisait de l'enfance. Il donne ce conseil aux pédagogues : « Respectez l'enfance dans l'enfant ». Le texte des *Confessions* lui fait écho en affirmant « le respect qu'on doit aux enfants » (*ibid.*, p. 46). Certains auteurs font l'éloge de la discipline et apparentent l'éducation au dressage. Rousseau, lui, considère l'enfant comme « un petit être intelligent et moral » (*ibid.* p. 48). De même, il se penche avec attention sur les joies, les chagrins ou les révoltes de ses premières années. On ne sent jamais de condescendance ou de mépris dans son amusement à l'égard des anecdotes qu'il retrace.

Sans doute, l'idée que l'innocence de l'enfant pourrait servir d'exemple aux adultes ne date pas des *Confessions*. Dans les Évangiles, l'enfance symbolise déjà l'innocence et la pureté du

1. Publié en 1772, *Émile* est un traité d'éducation qui considère l'enfant comme un être intelligent et responsable. Rousseau imagine les progrès que fera le jeune Émile grâce à une éducation stimulant sa sensibilité et sa raison.

cœur. Et, en dehors de cette référence religieuse, l'enfance bénéficie en France d'une attention particulière depuis le début du XVIIIe siècle[1]. Néanmoins, la position de Rousseau attaque les principes d'éducation qui étaient alors répandus, notamment l'importance accordée à la rigueur, au châtiment et à l'autorité. On pensait à l'époque qu'éduquer un enfant, c'était lui imposer une discipline intellectuelle, morale et parfois physique. Rousseau, lui, ironise sur le latin et « tout le menu fatras dont on l'accompagne sous le nom d'éducation » (L. I, p. 42). Plus loin, il s'exclame (à propos des châtiments corporels) « qu'on changerait de méthode avec la jeunesse, si l'on voyait mieux les effets éloignés de celle qu'on emploie toujours » (*ibid.*, p. 44). Le plaidoyer pour l'enfance débouche sur une nouvelle conception de l'éducation.

La psychologie de l'enfance

Mais si Rousseau préfère l'enfant à l'adulte, sa conception de l'enfance n'est ni niaise ni naïve. Il est même, bien avant Freud[2], celui qui s'aventure le premier dans l'analyse de la sexualité infantile. L'épisode de la fessée infligée par Mlle Lambercier est célèbre dans la littérature comme en psychanalyse. Le narrateur évoque encore la petite Goton jouant à la maîtresse avec Jean-Jacques. Il note la phrase lancée par des fillettes : « Goton tic tac Rousseau » (*ibid.*, p. 59). Il montre ainsi l'importance des désirs enfantins. Le héros les ressent d'ailleurs très tôt puisqu'il dit posséder « un sang brûlant de sensualité presque dès [s]a naissance » (*ibid.*, p. 45).

Rousseau annonce encore la pyschanalyse en soulignant le rôle de l'enfance dans la formation de la personnalité. Les premières années d'un être sont capitales. Son affectivité est déjà vive au moment où il vient au monde. « Je sentis avant de penser : c'est le sort commun de l'humanité », écrit Rousseau, « je l'éprouvai plus qu'un autre » (*ibid.*, p. 36). En remontant « aux

---

1. Voir, sur ce point, Philippe Ariès, *L'Enfant et la vie familiale sous l'Ancien Régime*, Le Seuil, coll. « Points Histoire », 1975.
2. Le médecin viennois Sigmund Freud (1856-1939) est le père de la psychanalyse, qui explique le comportement affectif des êtres par l'étude de leurs désirs inconscients. Freud a notamment mis en évidence l'importance qu'occupe la sexualité dans le développement de l'enfant.

premières traces de [s]on être sensible » (L. I, p. 48), il réfléchit, comme le fait la psychanalyse, aux racines affectives de l'être. L'enfance est dès lors une clef de la personnalité, et non uniquement une période heureuse de la vie.

L'enfance est une disposition d'esprit

Mais, pour Rousseau, l'enfance est aussi une disposition d'esprit que l'on peut conserver durant toute sa vie. Dans *Les Confessions*, l'enfance n'est pas le propre de l'enfant. Le père de Jean-Jacques avoue à son fils, quand tous deux se laissent entraîner à lire des nuits entières : « Je suis plus enfant que toi » (*ibid.*, p. 37). Dans ce cas, le plus enfant est paradoxalement le plus âgé... De même, le narrateur suggère que l'on peut tour à tour quitter l'enfance et y revenir. « Deux ans passés au village [...] me ramenèrent à l'état d'enfant », lit-on dans le Livre I (p. 42). Le thème est repris à la fin du Livre IV : « quoique né homme à certains égards, j'ai été longtemps enfant, et je le suis encore à beaucoup d'autres » (p. 229).

L'enfance n'est donc pas seulement un âge de la vie. C'est un état d'âme, une disposition d'esprit. Elle se caractérise par un abandon heureux aux passions, une spontanéité dans le sentiment. Cette fraîcheur innocente est le bien suprême auquel Jean-Jacques doit renoncer au cours du Livre I. En quelques années, l'« enfant chéri » (L. I, p. 39) devient en effet un « enfant perdu » (*ibid.*, p. 64). Rousseau raconte l'histoire de cette chute à travers trois mythes.

TROIS MYTHES[1] DE L'INNOCENCE PERDUE

Durant son enfance, Jean-Jacques perd peu à peu sa spontanéité originelle. Le narrateur attribue cette évolution à une suite de glissements malheureux : « j'avais joui d'une liberté honnête, qui seulement s'était restreinte jusque-là par degrés, et s'évanouit enfin tout à fait » (*ibid.*). Il résume ainsi le parcours de l'enfant :

1. Voir note 1, p. 57.

« J'étais hardi chez mon père, libre chez M. Lambercier, discret chez mon oncle ; je devins craintif chez mon maître, et dès lors je fus un enfant perdu » (*ibid.*). Jean-Jacques ne gagne rien en grandissant : il renonce simplement à être lui-même. L'idée que l'homme se dépouille à jamais de son innocence originelle évoque plusieurs mythes.

Le premier de ces mythes (celui de l'âge d'or) nous renvoie à la mythologie gréco-romaine. Le second (celui du paradis terrestre) est tiré de la Bible. Le troisième (le mythe de l'état de nature) appartient à l'œuvre philosophique de Rousseau.

L'enfance et le mythe de l'âge d'or

Ce mythe antique est repris au premier livre des *Métamorphoses* d'Ovide. Il retrace la succession des premiers âges que les hommes vécurent sur terre. Chacun de ces âges est symbolisé par un métal.

Durant la première époque, l'humanité vit dans la paix et l'abondance que lui procure une nature féconde. Cette période heureuse porte le nom d'*âge d'or*. Lui succède *l'âge d'argent*, durant lequel apparaissent la démesure et l'excès. Puis, pendant *l'âge d'airain*, les hommes inventent la violence et la guerre ; ils découvrent aussi l'injustice, l'inégalité et la propriété. Enfin, durant *l'âge de fer*, l'humanité connaît le labeur, la fatigue et la souffrance C'est dans cet âge de fer que nous vivons encore.

Ce mythe se superpose au récit que Rousseau fait de sa propre enfance, ponctuée de ruptures successives qui mettent progressivement terme au bonheur (voir le tableau de la page suivante). L'enfance de Jean-Jacques et l'enfance de l'humanité s'inscrivent dans le même schéma.

L'enfance et le mythe du paradis terrestre

La Genèse, premier livre de la Bible, contient un récit de la création du monde. L'homme est placé par Dieu dans le jardin d'Éden, c'est-à-dire au paradis terrestre. C'est là que sa compagne, Ève, se laisse tenter par le serpent, auxiliaire du mal. Ève puis Adam croquent la pomme et désobéissent ainsi au Seigneur. Chassés du paradis terrestre, ils sont condamnés à gagner leur pain à la sueur de leur front.

Plan du livre I	
Ruptures	Périodes
Jean-Jacques vient au monde	
	âge d'or (à Genève, dans la maison paternelle)
Il quitte son père	
	âge d'argent (à Bossey, chez les Lambercier)
Il découvre l'injustice	
	âge d'airain (à Genève, chez son oncle)
Il est mis en apprentissage	
	âge de fer (à Genève, chez le graveur Ducommun)

Le Livre I des *Confessions* dépeint ainsi un bonheur primitif au sein d'une nature abondante et généreuse. Durant sa petite enfance, Jean-Jacques vit dans une sorte de paradis terrestre, pareil à celui que décrit la Bible. Mais sa félicité est de courte durée. Le héros découvre bientôt le plaisir coupable (la fessée délicieuse de Mlle Lambercier) et le châtiment injuste (la fessée terrible infligée à tort). Il perd l'innocence et le bonheur des premiers temps de l'humanité. Désormais, si Jean-Jacques et son cousin s'attardent à Bossey, ils n'en goûtent plus les joies : « Nous y fûmes comme on nous représente le premier homme encore dans le paradis terrestre, mais ayant cessé d'en jouir » (L. I, p. 51).

Comme Adam et Ève, Jean-Jacques et son cousin ont quitté l'univers du bien pour entrer dans celui du mal. Ils se laissent aller aux vices : « nous commencions à nous cacher, à nous mutiner, à mentir » (*ibid.*). La campagne elle-même ne leur procure plus le même bonheur. Elle perd à leurs yeux « cet attrait de douceur et de simplicité qui va au cœur » (*ibid.*). Ce dégoût à l'égard de la nature révèle la corruption de leur âme. Car, chez Rousseau, la nature est aussi au cœur d'un mythe qui retrace l'enfance de l'humanité.

L'enfance et le mythe de l'état de nature

Le mythe de l'état de nature appartient à l'œuvre philosophique de Rousseau, notamment développé au *Discours sur l'origine et les fondements de l'inégalité parmi les hommes* (publié en 1755). L'auteur s'efforce d'y montrer que l'inégalité qui régit les rapports humains est le produit de la société. Pour ce faire, il imagine la vie de l'homme dans l'état de nature (où il possédait, en plus de la liberté, l'innocence de l'enfant). Mais l'homme a abandonné cet état bienheureux pour vivre en groupe. Il a ainsi découvert la propriété, d'où proviennent l'inégalité et le mal.

La description du passage de l'état de nature à l'état de société est un mythe philosophique plutôt qu'un récit. Le texte a une portée générale et abstraite. Rousseau médite sur l'organisation de toute société plutôt que sur les conditions de vie de l'humanité primitive. D'ailleurs, l'état de nature ne représente pas une période chronologique réelle (la préhistoire par exemple). Rousseau précise dans sa préface au *Discours* que « cet état n'a peut-être point existé » et « probablement n'existera jamais ». Il s'agit d'une hypothèse qui lui permet de réfléchir sur les fondements de la société, d'un récit fictif à la portée symbolique.

Sur un mode non plus philosophique mais autobiographique, le passage de l'état de nature à l'état de société est la grande affaire du Livre I des *Confessions*. Jean-Jacques revit à travers son enfance l'évolution que connut toute l'humanité : il quitte la nature (innocente) pour la société (pervertie). La méditation sur l'enfance de l'homme – ou celle de l'humanité – débouche sur une remise en cause de la société. Le vocabulaire de Rousseau est d'ailleurs politique. C'est à la « tyrannie » (L. I, p. 63) de son maître qu'il attribue sa découverte du vice. « Accoutumé à une égalité parfaite » avec les adultes, l'enfant est réduit soudain à l'« esclavage », à l'« assujettissement » (*ibid.*, p. 64). Le narrateur quitte le récit de sa propre histoire pour analyser certains mécanismes sociaux. Il abandonne à cette occasion la première personne du singulier :

> Voilà pourquoi tous les laquais sont fripons, et pourquoi tous les apprentis doivent l'être ; mais dans un état égal et tranquille, où tout ce qu'ils voient est à leur portée, ces derniers perdent en grandissant ce honteux penchant (*ibid.*, p. 65).

La rêverie sur l'enfance introduit une réflexion sur la manière dont la société pervertit l'individu.

Ainsi, l'enfance est évoquée de diverses manières. Sur le mode autobiographique, Rousseau nous livre des souvenirs touchants ou comiques. Dans une perspective éducative et psychologique, il analyse la formation de la personnalité au cours des premières années. À travers trois mythes, il utilise la description de l'enfance pour réfléchir sur le bonheur, le mal ou la société.

7 Livres et lecture

C'est en lisant que Jean-Jacques apprend d'abord à vivre. C'est en parlant de ses lectures que Rousseau nous en dit le plus sur l'ouvrage qu'il compose. Il nous suggère ainsi la manière dont il faut lire *Les Confessions.*

LES LIVRES À L'ORIGINE DU MOI

Un acte de naissance

Jean-Jacques découvre les livres en même temps qu'il prend conscience de son identité. Évoquant ses premières lectures, le narrateur indique : « c'est le temps d'où je date sans interruption la conscience de moi-même » (L. I, p. 36). L'être ne sent qu'il appartient au monde qu'à partir du moment où il lit.

La lecture s'apparente encore à la naissance par la manière dont elle associe le rôle des deux parents. Le père de Jean-Jacques est responsable de la passion de son fils pour les livres, puisqu'il l'entraîne à lire durant des nuits entières. Mais les livres qu'il dévore avec son fils viennent de la bibliothèque de sa femme. Par ces ouvrages, celle-ci transmet indirectement sa sensibilité à son fils. On ne sait presque rien de cette mère qui meurt peu après l'accouchement. Elle n'existe que par un legs symbolique : « Ma mère avait laissé des romans » (*ibid.*). Elle participe encore à l'éducation de Jean-Jacques par le biais des livres qu'elle tenait elle-même de son père. Ils sont plus austères et plus instructifs. Le grand-père de Jean-Jacques (qui était pasteur) appréciait les classiques de l'Antiquité (Plutarque, Ovide) ou les écrivains chrétiens (Le Sueur, Bossuet). Ces lectures ont construit peu à peu le caractère de l'enfant, puisque l'identification est ici portée à son comble : « je devenais le personnage dont je lisais la vie » (L. I, p. 38).

L'apprentissage de la vie

La lecture précède ainsi l'expérience. « Je n'avais aucune idée des choses, que tous les sentiments m'étaient déjà connus », écrit Rousseau (L. I, p. 37). Les leçons tirées des livres se substituent aux enseignements de la vie. Et Jean-Jacques conservera à jamais l'empreinte de ses lectures, même lorsque la réalité viendra les démentir : « elles [...] me donnèrent de la vie humaine des notions bizarres et romanesques, dont l'expérience et la réflexion n'ont jamais bien pu me guérir » (*ibid.*).

Ces aveux éclairent la position prise par Rousseau dans *Émile* vis-à-vis des livres : il ne leur accorde qu'une place réduite dans l'éducation idéale qu'il imagine. C'est sans doute qu'ils risquent d'influencer l'enfant et de compromettre sa liberté de jugement. À cet égard, le bilan des *Confessions* est cependant plus nuancé. Le narrateur se montre réservé à l'égard d'une éducation qui serait purement livresque. Il juge en effet « les entretiens intéressants et sensés d'une femme de mérite [...] plus propres à former un jeune homme que toute la pédantesque philosophie des livres » (L. IV, p. 225). Mais Rousseau souligne aussi que la lecture aide Jean-Jacques à lutter contre la tyrannie de son maître Ducommun (L. I, p. 73). Elle lui offre, pendant de longues heures, le moyen de s'évader et garantit ainsi sa liberté.

LES PRÉFÉRENCES LITTÉRAIRES DE ROUSSEAU

Rousseau cite rarement un livre sans émettre à son sujet un jugement de valeur. En se référant aux « bons livres » (L. I, p. 37 ; L. III, p. 140 ; L. IV, p. 191), à la « belle » (L. IV, p. 191) ou à la « bonne littérature » (L. III, p. 156), il nous signale ses préférences. Deux types de livres ont sa faveur.

Les romans

Les premiers ouvrages que découvre Jean-Jacques sont des romans d'amour du XVIIe siècle, tombés aujourd'hui dans l'oubli. Rousseau impute à leurs auteurs[1] sa sensibilité précoce. Mais le narrateur évite de placer tous les romans sur le même plan. Dans le Livre I, il parle de ceux qu'il lut d'un trait, parce que la bibliothèque maternelle ou celle de « la Tribu » en fournissaient l'occasion. Au Livre IV, quand le temps de la réflexion est venu, sont cités les ouvrages qui méritent davantage d'attention.

Il en va ainsi de *L'Astrée* d'Honoré d'Urfé. Ce roman que Jean-Jacques lut très tôt, n'est cependant évoqué qu'au Livre IV, ce qui contraint le narrateur à un retour en arrière[2] :

> [...] parmi les romans que j'avais lus avec mon père, *L'Astrée* n'avait pas été oubliée, et c'était celui qui me revenait au cœur le plus fréquemment (p. 217-218).

L'œuvre apparaît ainsi comme un ouvrage qui s'adresse à des lecteurs d'une certaine maturité. Sans doute Rousseau a-t-il été séduit par les tendres amours des bergers que dépeint Honoré d'Urfé. De même, le grand roman picaresque *Gil Blas de Santillane* de Lesage[3], qui a sûrement influencé Rousseau, n'est mentionné qu'au Livre IV. L'ouvrage est prêté à Jean-Jacques par Mlle du Châtelet ; cette amie de Mme de Warens se distingue par son « goût de morale observatrice qui porte à étudier les hommes » (p. 225). Un ouvrage qu'elle recommande ne peut qu'être bon.

Les ouvrages historiques et moraux

Ce sont des ouvrages historiques et moraux que Rousseau qualifie pour la première fois de « bons livres » (L. !, p. 37). Ils ne sont pas seulement bien écrits ou agréables à lire, mais ils sont aussi édifiants, propres à former l'âme du lecteur. Ces œuvres sérieuses (les romans ne le sont pas) invitent à la réflexion et à

---

1. Ces auteurs sont La Calprenède (1610-1663), Mlle de Scudéry (1607-1701), Honoré d'Urfé (1567-1625). Il est plusieurs fois question de leurs œuvres ou de leur influence sur Jean-Jacques dans *Les Confessions* (L. I, p. 37, 41 ; L. IV, p. 217-218).
2. On appelle *analepse* le procédé qui s'apparente à ce qu'on nomme, en langage cinématographique, un *flash-back*. L'analepse consiste à interrompre le fil de la narration pour mentionner un événement qui a eu lieu dans le passé.
3. Voir chapitre 2, p. 35.

l'action. Elles enseignent également les vertus civiques et donneront à Jean-Jacques un « caractère indomptable et fier » (L. I, p. 38).

Mais toute influence a son revers. L'enfant, victime de sa « fureur de lecture » (L. III, p. 155), singe les personnages historiques au lieu de méditer leur exemple. Il reproduit étourdiment le geste héroïque de Scaevola qui, pour se punir, se brûla le poing : « on fut effrayé de me voir avancer et tenir la main sur un réchaud pour représenter son action » (L. I, p. 38). À travers cette anecdote plaisante, Rousseau souligne que les « bons livres », lus trop vite ou trop tôt, ne profitent guère à leurs lecteurs. Il faut apprendre à se servir des livres. L'abbé de Gouvon donne un précieux conseil à Jean-Jacques en lui prescrivant de lire « moins avidement et avec plus de réflexion » (L. III, p. 155).

COMMENT LIRE « LES CONFESSIONS » ?

Faisant écho à l'abbé de Gouvon, Rousseau nous indique à son tour comment lire son livre. *Les Confessions* réclament des lecteurs à la fois sensibles (c'est-à-dire capables de s'identifier à Jean-Jacques) et actifs (c'est-à-dire aptes à réfléchir sur le témoignage de Rousseau).

Des lecteurs sensibles

Les lecteurs des *Confessions* sont invités à partager pleinement les émotions de Jean-Jacques. « Qu'ils gémissent de mes indignités, qu'ils rougissent de mes misères », recommande le narrateur à la première page du livre (L. I, p. 34). Par la suite, il nous convie sans cesse à éprouver ses sentiments : « Lecteur pitoyable, partagez mon affliction » (*ibid.*, p. 67). Même quand ils se nuancent d'un peu d'ironie (et c'est souvent le cas), ces appels à la sympathie nous rapprochent de Jean-Jacques. Le projet de Rousseau exige, il est vrai, cette fusion entre lui et nous. Car il ne lui suffit pas que nous *sachions* qui il est. Il veut aussi que nous le *sentions*. C'est pourquoi il exige de son lecteur une attention sans faille : « il faut que je me tienne incessamment sous ses yeux; qu'il me suive dans tous les égarements de mon cœur, dans tous les recoins de ma vie » (L. II, p. 96). Rousseau désapprouve l'aveugle identification de l'enfant aux héros des livres. Mais il attend de son lecteur un partage du même type.

Cette forme d'osmose doit produire ses fruits. Les nombreux détails fournis dans les premiers Livres des *Confessions* visent à faire du lecteur un familier du narrateur. Cette complicité permettra ensuite d'abréger certains aveux : « À mesure qu'avançant dans ma vie, le lecteur prendra connaissance de mon humeur, il sentira tout cela sans que je m'appesantisse à le lui dire » (L. I, p. 71). Nous devons donc sentir, certes. Mais le narrateur veut moins nous attendrir que nous obliger à discerner son identité profonde. Le sentiment est ici une des formes les plus élaborées de la compréhension.

Des lecteurs actifs

Les lecteurs des *Confessions* doivent trouver par eux-mêmes ce que le narrateur ne dit pas toujours. Il arrive en effet que celui-ci n'aille pas au bout de ses analyses. Quand il décrit la première confrontation de Jean-Jacques avec l'injustice, il nous confie le soin de mesurer son désarroi : « qu'on s'imagine tout cela, s'il est possible, car pour moi, je ne me sens pas capable de démêler [...] ce qui se passait alors en moi » (*ibid.*, p. 50). La fin du Livre IV est plus directe encore. Elle définit de manière stricte le rôle du lecteur : « C'est à lui d'assembler ces éléments et de déterminer l'être qu'ils composent : le résultat doit être son ouvrage » (p. 230). Par la suite, Rousseau met souvent en parallèle l'activité du lecteur et le silence du narrateur. Le premier doit poursuivre son enquête, le second doit s'abstenir de trop parler :

> Lecteur, pesez toutes ces circonstances, je n'ajouterai rien de plus (L. IX, p. 536).
>
> Lecteur sensé, pesez, décidez ; pour moi, je me tais (L. XI, p. 667).

Le lecteur des *Confessions* se voit ainsi confier une double tâche. Il doit « sentir » comme un lecteur de roman, et « démêler, peser, décider » comme le lecteur sérieux des « bons livres », les livres moraux. Cette lourde charge justifiait bien que l'auteur lui donne une leçon de lecture.

8 Une religion du cœur

La critique de la religion est l'un des thèmes favoris des philosophes du XVIIIe siècle. Ceux-ci aiment combattre les superstitions ou dénoncer des pratiques religieuses qu'ils jugent vides de sens. La position de Rousseau est plus nuancée. Car s'il critique vivement certains membres du clergé, il éprouve en même temps un profond sentiment religieux. *Les Confessions* plaident ainsi pour une conception originale de la foi.

LA CRITIQUE DU CATHOLICISME

Des prêtres ridicules ou repoussants

Les premiers Livres des *Confessions* offrent une galerie de prêtres odieux ou ridicules, qui font songer aux personnages de Rabelais ou de Molière. M. de Pontverre, le curé de Confignon, n'a « d'autre vertu que d'adorer les images et de dire le rosaire » (L. II, p. 82). Les prêtres de Turin sont ignorants. Jean-Jacques a beau jeu de les embarrasser par ses questions. Il ridiculise son premier instructeur : « Mon vieux prêtre [...] battait la campagne, et se tirait d'affaire en disant qu'il n'entendait pas bien le français » (*ibid.*, p. 103). Celui-ci est vite remplacé par un jeune « faiseur de longues phrases » (*ibid.*), qui récrit à sa fantaisie les textes sacrés : « Je le soupçonne [...] d'avoir fabriqué quelquefois des passages pour se tirer d'une objection qui l'incommodait » (*ibid.*, p. 104). Ces hommes d'Église sont pour le moins caricaturaux.

Leur ignorance est toutefois moins repoussante que leur hypocrisie en matière de mœurs. Un « saint missionnaire » de l'hospice (*ibid.*, p. 97), qui recherche les faveurs d'une jolie femme, prétend qu'elle n'est pas prête pour le baptême. Il prolonge ainsi indéfiniment le séjour de celle-ci auprès de lui. Un des pères de l'institution plaide en faveur de l'homosexualité (*ibid.*, p. 105-106). Le narrateur ne se contente pas d'esquisser une caricature ironique de ces prêtres. Il les condamne en des termes assez vigoureux (« impudence », « infâme », « dégoût », L. II, p. 106). Le vocabulaire porte la marque de son indignation.

Une religion des apparences

Rousseau reproche à la religion – et surtout à la religion catholique – de se cantonner au respect des apparences. Il critique avec violence les conversions, qui semblent vides de sens. Car nul ne s'inquiète jamais des sentiments profonds des nouveaux adeptes. Pour rallier Jean-Jacques au catholicisme, M. de Pontverre se sert de son excellent vin de Frangy plutôt que d'arguments religieux. Il cherche à séduire et non à convaincre. À Turin, ceux qui embrassent la foi catholique sont des aventuriers qui font commerce de leur âme. Pour deux d'entre eux, c'est devenu une sorte de métier : ils demandent à être baptisés « partout où le produit en va[u]t la peine » (*ibid.*, p. 97).

Si le clergé ferme hypocritement les yeux sur ces abus, c'est qu'il n'a pas, en la matière, des intentions très pures. Il cherche avant tout à étendre son pouvoir. Le jour de la conversion, il réserve aux protestants un traitement qui « sert à persuader au peuple que les protestants ne sont pas chrétiens » (*ibid.*, p. 107). La cérémonie est donc fondée sur un mensonge. Sans doute tous les prêtres ne sont-ils pas aussi calculateurs que ceux de Turin. Mais l'aveuglement du curé de Confignon n'est pas plus sympathique. M. de Pontverre se soucie peu de ce que deviendra Jean-Jacques quand il l'aura rallié au catholicisme :

> Il y avait tout à parier qu'il m'envoyait périr de misère ou devenir un vaurien. Ce n'était point là ce qu'il voyait : il voyait une âme ôtée à l'hérésie et rendue à l'Église (*ibid.*, p. 81).

N'est-ce pas ce qui finira par arriver ? Rejeté à la rue le jour de sa conversion, le héros erre dans les rues de Turin. Ce sont paradoxalement les prêtres qui l'ont condamné à « périr de misère ou [à] devenir un vaurien ».

Aveuglement et superstition

Bien avant *Les Confessions*, Fontenelle ou Diderot ont dénoncé l'habileté de l'Église à confisquer à son profit des phénomènes naturels. À la fin du Livre III, Rousseau réfléchit sur la naïveté qui produit ou entretient certaines illusions.

Jean-Jacques est un jour témoin d'un incendie qui menace la maison de Mme de Warens. L'évêque, M. de Bernex, qui rendait justement visite à celle-ci, se met en prières. Le vent tourne aussitôt et la maison est épargnée. Deux ans après l'événement, M. de Bernex étant mort, Jean-Jacques est sollicité par des prêtres. Ils lui demandent de témoigner du miracle auquel il a assisté. Sur le moment, le héros accepte.

À l'époque où il raconte cet épisode, Rousseau réagit à la fois en homme de raison et en homme de sentiment. Analysant ce qu'il a vu, il admet que la prière de l'évêque a immédiatement précédé la volte-face du vent. Mais il ajoute que la rigueur interdit d'établir entre les deux événements un lien de cause à effet. En psychologue, il analyse tout ce qui l'a incité à croire au miracle : « L'amour du merveilleux, si naturel au cœur humain, ma vénération pour ce vertueux prélat, l'orgueil secret d'avoir peut-être contribué moi-même au miracle » (L. III, p. 167). C'est la bonne foi mêlée au désir de croire qui, sur le moment, a poussé Jean-Jacques à témoigner. Mais l'épisode, tel qu'il est conté dans *Les Confessions*, invite au scepticisme.

L'ATTACHEMENT AU PROTESTANTISME

En dépit de ces critiques à l'égard de certains aspects de la religion, Rousseau affirme l'importance du sentiment religieux.

La foi, malgré tout

La position de Jean-Jacques est en effet paradoxale. L'apprentissage de la religion joue pour lui un rôle extrêmement négatif. Il assimile l'hospice de Turin à une prison et voit le séminaire d'Annecy comme une « triste maison » (*ibid.*, p. 163). Jean-Jacques, mal jugé par M. d'Aubonne, s'entend dire que « l'honneur de devenir quelque jour curé de village [est] la plus haute fortune » à laquelle il puisse aspirer (*ibid.*, p. 158). Dans une telle phrase, le terme d'« honneur » est tristement ironique – comme l'est, un peu plus loin, celui de « vocation » (*ibid.*, p. 162). La condition de prêtre, à laquelle on le destine, apparaît à Jean-Jacques comme une brimade.

Le paradoxe est que le jeune homme est ainsi détourné d'une foi qu'il ressent profondément. Car, dans sa petite enfance, Jean-Jacques souhaite justement consacrer sa vie à Dieu. Quand on hésite à faire de lui un horloger, un procureur ou un ministre[1], l'enfant n'hésite pas : « j'aimais mieux être ministre, car je trouvais bien beau de prêcher » (L. I, p. 56). Et quand son oncle compose un « très beau sermon de sa façon », Jean-Jacques et son cousin s'empressent de l'imiter : « nous quittâmes les comédies et nous nous mîmes à composer des sermons » (*ibid.*, p. 57). Ainsi l'enfant était-il spontanément porté vers ce dont l'éducation le détournera !

Dans ce contexte, Rousseau a beau jeu de conclure « qu'avoir de la religion, pour un enfant, et même pour un homme, c'est suivre celle où il est né » (L. II, p. 99). Il trouve absurde d'enseigner de manière autoritaire la religion à un adulte, alors que celui-ci a déjà appris, au cours de ses premières années, une certaine conception du sacré.

Le choix du protestantisme

Cette fidélité à la religion de l'enfance justifie l'attachement de Rousseau au protestantisme. Au moment où il écrit *Les Confessions*, il est d'ailleurs redevenu protestant. Le détour par le catholicisme n'aura été pour Jean-Jacques qu'une parenthèse pitoyable. S'est-il converti à Turin ? Influençable et timide, il s'est plutôt laissé convertir, pour mettre rapidement fin à une épreuve stérile et blessante. Mais c'est du fond du cœur qu'il revient à la religion protestante en 1754, à la faveur d'un voyage à Genève. L'épisode est raconté au Livre VIII (p. 477-478).

Les attaques contre le catholicisme qui abondent dans *Les Confessions* ne doivent donc pas nous étonner. Le narrateur aime opposer l'austérité et la rigueur protestantes au goût catholique des ornements. La description de la cérémonie de Turin lui donne l'occasion d'égratigner le « faste catholique » (L. II, p. 107). Ailleurs, il proclame que les « protestants sont généralement mieux instruits que les catholiques ». Voici pourquoi : « la doctrine des uns [*les protestants*] exige la discussion, celle des autres

1. Le mot *ministre* vient du latin *minister* qui signifie « serviteur ». Les protestants s'en servent pour désigner le pasteur (qui est l'équivalent du prêtre catholique).

[*les catholiques*] la soumission » (L. II, p. 102). Rousseau se place sur le terrain de la querelle religieuse pour louer la liberté de jugement et attaquer l'esprit d'obéissance.

LA RELIGION DE ROUSSEAU

Rousseau plaide ainsi, à sa manière, pour une religion libre.

La religion du cœur

Ses modèles religieux ne sont pas nécessairement des ecclésiastiques, mais des êtres qui possèdent une fraîcheur d'âme et une douceur innées. Avant de rencontrer Mme de Warens, il se méfie un peu de cette « bonne dame bien charitable » (*ibid.*, p. 82), louée par le curé de Confignon. En revanche, le coup de foudre qu'il éprouve change ses dispositions. Il est « sûr qu'une religion prêchée par de tels missionnaires ne p[eu]t manquer de mener en paradis » (*ibid.*, p. 84). Il y a évidemment un peu d'humour dans cette remarque. Mais l'amour humain, voire la sensualité (la « gorge enchanteresse » de Mme de Warens n'a pas été oubliée dans la description) inspirent plus de foi que la vertu aride des dévots.

La sympathie de Rousseau va de même à M. Gâtier, dont l'âme est « sensible, affectueuse, aimante » (L. III, p. 164). Cet homme connaît d'ailleurs l'amour humain. Devenu vicaire, il s'éprend d'une femme dont il aura un enfant. Emprisonné, Gâtier ne cesse pas, aux yeux de Rousseau, d'être un homme de bien. Ce qu'on lui reproche, dit le narrateur, est seulement de n'avoir pas imité les autres prêtres, qui ne « f[ont] des enfants qu'à des femmes mariées » (*ibid.*, p. 165).

Ceux que Rousseau accepte de prendre pour modèles ont une âme pure et méprisent les apparences. Mme de Warens a « une piété trop solide pour affecter de la dévotion » (L. II, p. 87). M. Gâtier n'a pas pris soin de préserver sa réputation. C'est justement ce qui plaît à Rousseau. Selon lui, Dieu se désintéresse du comportement extérieur des hommes. Il ne considère que la sincérité de leur cœur.

Le Dieu des *Confessions*

À plusieurs reprises, Rousseau prend Dieu à témoin ou le fait parler à l'intérieur de son texte (L. I, p. 33-34, 49 ; L. II, p. 101). Dieu n'est pas à proprement parler un personnage de l'œuvre. Mais le narrateur lui attribue un rôle significatif.

À la première page des *Confessions*, Rousseau convoque tous ses lecteurs au jour du Jugement dernier. Là, il s'adresse solennellement à Dieu. Il ne lui réclame ni le paradis ni même le pardon (ce qui serait en principe le but d'une confession). Ce qu'il attend du Seigneur est la reconnaissance de sa sincérité : « j'ai dévoilé mon intérieur tel que tu l'as vu toi-même » (L. I, p. 34). Un peu plus loin, il prend encore Dieu à témoin de la véracité de ses dires : « je déclare à la face du Ciel que j'étais innocent » (*ibid.*, p. 49). Rousseau s'adresse à Dieu chaque fois qu'il veut convaincre ses lecteurs de sa sincérité.

Comme l'écrit Jean Starobinski, « ce n'est pas Dieu que Jean-Jacques recherche en Dieu, mais le regard absolu qui lui donnera confirmation de sa propre identité[1] ». Le héros réclame non le salut, mais la preuve qu'il ne cherche pas à nous tromper sur lui-même. Il choisit Dieu comme garant et comme symbole de la pureté de son cœur.

Rousseau croit en la dignité sacrée de l'homme. Mais il se méfie de l'apparence et de la dissimulation – sur lesquelles, malheureusement, les religions s'appuient trop souvent.

1. Jean Starobinski, *La Transparence et l'obstacle*, Gallimard, 1971, coll. « Tel », p. 298.

9 Jean-Jacques et les femmes

« Tantôt héros et tantôt vaurien », Jean-Jacques a du mal à prendre l'exacte mesure des choses. Il se place toujours – selon ses propres termes – « trop haut ou trop bas » (L. III, p. 132). Cette position incertaine caractérise ses relations avec les femmes. Le héros semble toujours hésiter entre la sexualité et le sentiment, entre les rêves inaccessibles et les occasions manquées.

LES DIFFÉRENTES FACETTES DE L'AMOUR

La représentation de l'amour est particulièrement riche dans *Les Confessions*. Rousseau y fait la part du corps, du cœur et des rêves, qui sont parfois en lutte les uns contre les autres.

L'analyse de la sexualité

Rousseau va très loin dans l'analyse de la sexualité. Il remonte aux premières années, quand il se réfère aux désirs qu'éprouve l'enfant. Jean-Jacques ressent du plaisir à huit ans lorsqu'on lui administre une fessée, puis à onze ans quand il joue avec une petite fille. Dans les quatre premiers Livres des *Confessions*, Rousseau examine cette sensualité qui se développe bien avant les premières relations sexuelles. Ce n'est en effet qu'au Livre V que Jean-Jacques devient l'amant de Mme de Warens (qui semble être sa première maîtresse). Les Livres I à IV, si complets dans leur analyse du désir, traitent donc de la sexualité sans accomplissement véritable.

Dans ce domaine, Rousseau va au-delà des bornes qu'imposent, au XVIIIe siècle, le souci des convenances ou simplement la pudeur. Il nous parle des livres érotiques (qu'il n'ose lire). Il avoue son penchant pour l'exhibitionnisme. Il dit dans quelles circonstances il se livre au plaisir solitaire, auquel l'incitent une timidité et une imagination toutes deux excessives. Il mentionne encore sa « première éruption, très involontaire » (L. III, p. 153). Rousseau n'a pas limité son analyse à un ou deux aspects convenables du sujet qu'il abordait.

L'art de « sentir »

Ayant montré l'importance de la sexualité infantile, le narrateur sonde la profondeur de la vie affective. « Je sentis avant de penser », écrit Rousseau (L. I, p. 36). Ce verbe « sentir » qui revient sans cesse sous sa plume peut avoir plusieurs sens. Il caractérise tantôt un phénomène physique (la sensualité), tantôt une finesse psychologique (la sensibilité), tantôt l'attachement pour un être (le sentiment). Ce terme aux nuances multiples souligne la complexité de l'amour. Car ici le corps, l'affectivité, le cerveau entrent également en jeu. C'est ce que découvre le narrateur « en remontant aux premières traces de [s]on être sensible » (*ibid.*, p. 48).

Les sentiments de Jean-Jacques sont toujours subtils. Celui qu'il voue à Mlle de Vulson est passionné et admiratif, alors que le lien qui l'unit à Mlle Goton est surtout physique. L'attirance qu'il ressent pour Mme Basile est fondée sur une complicité secrète, alors que Mlle du Breil le séduit justement parce qu'elle est lointaine. Mlle Galley et Mlle de Graffenried se partagent encore son cœur de manière différente. Il préfère en secret la première, qui est aussi la plus timide. La seconde est plus vive et plus entreprenante, mais Jean-Jacques préférerait l'avoir pour confidente plutôt que pour maîtresse. Pour Mme de Warens enfin, il éprouve une tendresse profonde. Le verbe « sentir », sous la plume de Rousseau, admet plus de nuances que le verbe « aimer ».

Les élans de la passion

Le cœur de Jean-Jacques abrite non seulement des sentiments délicats, mais des élans fougueux et passionnés. Il se montre jaloux « en Turc, en furieux, en tigre » (*ibid.*, p. 60), alors qu'il n'a que onze ans. En présence de Mlle de Vulson, il peut même se laisser aller à une sorte de délire : « Je fus ivre et fou les deux jours qu'elle resta » (*ibid.*, p. 61). Sitôt qu'il se sent trahi, il cède à la fureur. Ses sentiments pour Mme de Warens (qui, à l'en croire, ne sont encore qu'amicaux) se traduisent de manière extrême. Le narrateur se souvient d'« élans d'attendrissement qui souvent allaient jusqu'aux larmes » (L. III, p. 151), d'« une tristesse qui pourtant n'avait rien de sombre » (*ibid.*, p. 152). Le ton est déjà celui des écrivains romantiques du XIXe siècle, peignant des sentiments violents et désespérés. Rousseau est d'ailleurs considéré comme un « préromantique », précurseur des passions que décriront Chateaubriand ou Lamartine. Mais, dans *Les Confessions*, l'amour n'est pas uniquement idéalisé, pas plus qu'il n'est ravalé au simple désir. Rousseau s'intéresse aux va-et-vient qui s'opèrent entre le corps, le cœur et l'idéal.

L'INSUCCÈS DE JEAN-JACQUES

« Je suis fâché de faire tant de filles amoureuses de moi », écrit le narrateur (L. IV, p. 194). Pourtant, dans les premiers Livres des *Confessions*, Jean-Jacques n'a ni liaison ni maîtresse. Toujours soupirant, toujours éconduit, il est l'anti-héros attachant d'un roman d'amour qui ne parvient pas à s'écrire.

Un amoureux rêveur

C'est toujours sur le mode du rêve que Jean-Jacques courtise les femmes. Quand il est encore apprenti chez M. Ducommun, il peuple ses songes d'héroïnes issues de ses lectures. Quand il part sur les routes, il chante sous les fenêtres des châteaux pour charmer des princesses qui ne se montrent jamais. Quand il se lasse de chercher d'invisibles héroïnes, il s'éprend de toutes les femmes de la bonne société qui s'intéressent un tant soit peu à lui. À tel point d'ailleurs qu'il considère comme une exception admirable le fait de n'être pas tombé amoureux de Mme de Bonac (*ibid.*, p. 210). Au reste, ces coups de foudre répétés ne débouchent non seulement sur aucune liaison, mais sur aucun attachement durable. Les engouements de Jean-Jacques sont aussi vifs que passagers.

Ce héros a l'allure d'une figure de comédie, toujours prompte à s'enflammer pour des chimères. Éternel rêveur, « amant espagnol et n'ayant point de guitare » (*ibid.*, p. 192), il sait qu'on pourrait se moquer de ses insuccès. Il va d'ailleurs au-devant des réactions de son lecteur en soulignant le caractère caricatural de son comportement :

> Ceux qui liront ceci ne manqueront pas de rire de mes aventures galantes, en remarquant qu'après beaucoup de préliminaires, les plus avancées finissent par baiser la main (L. IV, p. 188).

Il ajoute cependant qu'il éprouve ainsi plus de bonheur que bien des séducteurs qui multiplient les conquêtes. Jean-Jacques fait sourire tant de ses infortunes que de la bonne grâce avec laquelle il les présente. Il est à nos yeux un anti-héros, personnage touchant et crédule aux illusions tenaces et démesurées. Ses amours se placent non sous le signe de l'échec, mais sous celui de l'imaginaire où la tendresse l'emporte sur les succès charnels. C'est d'ailleurs sur le mode littéraire que Jean-Jacques présente ses idylles.

Les « romans » de Jean-Jacques

Le narrateur décrit ses sentiments en se référant constamment à la littérature. Le mot « roman » revient souvent sous la plume de Rousseau, ce qui ne peut être innocent. Il cherche une princesse avec laquelle il puisse « faire un roman » (L. II, p. 110). Il « en commenc[e] un » avec Mme Basile (*ibid.*) et, après avoir raconté ses relations avec Mlle de Breil, conclut : « Ici finit le roman » (L. III, p. 138). Jean-Jacques est le héros d'un roman d'amour qu'il ne parvient pas à écrire.

Le narrateur, en revanche, examine sa vie à la lumière de l'expérience qui manque au héros. Il voit certaines occasions manquées là où le jeune homme naïf ne discerne rien de précis. Si Jean-Jacques avait compris la cause des insomnies de Mme Sabran, il se serait initié bien plus tôt à l'amour physique (L. II, p. 93). S'il avait été plus audacieux avec Mme Basile, il aurait goûté avec elle des plaisirs délicieux (*ibid.*, p. 110). S'il avait vu autre chose que de l'amitié à certains jeux dont il était le centre (L. IV, p. 182), il aurait compris qu'on cherchait à le séduire. « Eh ! que je m'y connaissais mal ! », dit Rousseau (*ibid.*). Tout reste en suspens et nous pouvons imaginer comment les choses auraient tourné si Jean-Jacques avait été un autre. Un roman possible double ainsi le roman réel des amours de Jean-Jacques. À nous de choisir entre le rêve et la vérité. À nous de trancher, également, entre les deux termes par lesquels Rousseau désigne son attitude : « Ma modestie, d'autres diront ma sottise » (*ibid.*, p. 186). Le lecteur décidera.

PSYCHANALYSE DE JEAN-JACQUES

Un deuil traumatisant

Rousseau a anticipé les découvertes de la psychanalyse[1]. Les psychanalystes ont à leur tour tenté d'expliquer les comportements amoureux de Jean-Jacques en soulignant le rôle qu'y joue l'inconscient. Le héros perd sa mère peu après sa naissance et cette disparition, dont il se sent responsable, le culpabilise. Quand il dit : « je coûtai la vie à ma mère » (L. I, p. 35), il se présente comme la cause de cette perte. Le sentiment d'avoir pour ainsi dire tué sa mère est entretenu par un contexte familial particulier. Jean-Jacques vit en fils unique avec un veuf inconsolable. Isaac Rousseau rappelle constamment à Jean-Jacques qu'il est à l'origine de la mort de sa femme : « Il croyait la revoir en moi, sans pouvoir oublier que je la lui avais ôtée » (*ibid.*).

Les sentiments paternels prennent d'ailleurs une forme excessive. Ils se manifestent à la manière de l'amour : « jamais il ne m'embrassa que je ne sentisse à ses soupirs, à ses convulsives étreintes, qu'un regret amer se mêlait à ses caresses : elles n'en étaient que plus tendres » (*ibid.*). Ces effusions suggèrent chaque fois à Jean-Jacques qu'il doit remplacer auprès de son père l'épouse dont il l'a privé. Deux traits marquent donc le comportement affectif de l'enfant : le sentiment de culpabilité et le besoin de se faire pardonner.

Être châtié ou demander pardon

La vie amoureuse de Jean-Jacques prend dès lors une forme particulière. Il éprouve le désir d'être châtié ou d'implorer le pardon d'une femme admirée, qui symbolise sa mère disparue. La première à éveiller la sensualité de Jean-Jacques est Mlle Lambercier. Cette figure maternelle (« Mlle Lambercier avait pour nous l'affection d'une mère », L. I, p. 44) lui inflige une correction. Viennent ensuite Mlle de Vulson (qui, étant son aînée, le traite comme une « poupée »), puis Mlle Goton (qui joue avec lui à la maîtresse d'école). Mme de Warens (à laquelle il donne le surnom révélateur de « Maman ») lui inspire le désir de se

1. Voir note 2, p. 59.

mettre à genoux (L. II, p. 83) ou de se prosterner devant elle (L. III, p. 152). Il se jette de la même manière aux pieds de Mme Basile (face à laquelle il se sent comme « un petit garçon », L. II, p. 115). Ses élans amoureux se traduisent toujours de la même façon : Jean-Jacques supplie une femme qui représente symboliquement sa mère.

Jean-Jacques entre deux femmes

Jean-Jacques s'éprend facilement de deux femmes à la fois. Enfant, il se partage entre Mlle de Vulson et Mlle Goton. De même, à Toune, il goûte entre Mlle Galley et Mlle de Graffenried un bonheur sans mélange : « la tendre union qui régnait entre nous trois valait des plaisirs plus vifs » (L. IV, p. 187). Dans la suite des *Confessions*, Rousseau évoque souvent des relations à trois personnages. Il semble que Jean-Jacques ne donne libre cours à ses sentiments que sous le regard d'une tierce personne. Le rêve inconscient du ménage à trois s'expliquerait, cette fois encore, par la recherche symbolique de la protection maternelle.

La lecture psychanalytique des *Confessions* peut mener beaucoup plus loin. On a, par exemple, expliqué le goût de Jean-Jacques pour les laitages par une nostalgie inconsciente du sein maternel.

On retiendra au moins que Rousseau anticipe d'un siècle certaines analyses des comportements sexuels et amoureux, comme il annonce les élans passionnés des écrivains romantiques. La peinture qu'il fait de ses relations avec les femmes est à plus d'un titre en avance sur son temps.

10 Le bien et le mal

De nombreux ouvrages moraux ou religieux étudient les rapports du bien et du mal. Rousseau s'intéresse lui aussi à cette question et la pose de manière singulière. Il insiste sur le fait que l'homme, naturellement bon, commet le mal par aveuglement et non par méchanceté. Mais, dans *Les Confessions*, les théories morales de Rousseau sont quelque peu partiales. Elles ont souvent pour but d'inciter le lecteur à l'indulgence[1].

COMMENT DEVIENT-ON MAUVAIS ?

Le point de départ des *Confessions* est la proclamation par le narrateur qu'aucun homme ne fut meilleur que lui (L. I, p. 34). Pourtant, cette vie dominée par le bien est loin d'être sans tache. C'est justement ce qui fait des *Confessions* un ouvrage de réflexion morale. Comment survient le mal dans un cœur pur ? Quelle force nous pousse donc à y céder ? Telles sont les questions que Rousseau s'efforce de résoudre.

Jean-Jacques distingue notamment deux causes qui nous poussent vers le mal. La première tient à l'ignorance et l'autre à l'habitude.

La première cause qu'examine Rousseau a de quoi surprendre le lecteur. On pense souvent que le mal nous tente et que nous y consentons par faiblesse. Pour Rousseau, le mécanisme qui nous corrompt est plus sournois et plus surprenant. C'est paradoxalement le souci du bien qui nous pousse à mal agir. Ainsi, Jean-Jacques dérobe des asperges par amitié pour son compagnon Verrat. Il écoute les conseils du curé de Confignon – un « dévot » qui ne cherche qu'à détourner Jean-Jacques de la religion de son enfance – par reconnaissance pour son hospitalité. S'il en vient à voler ou à renier sa foi, c'est par désir de faire plaisir, par souci du bien d'autrui : « Ce sont presque toujours de

1. Voir le chapitre 12, « Argumentation et persuasion ».

bons sentiments mal dirigés qui font faire aux enfants le premier pas vers le mal » (L. I, p. 65).

Une seconde cause nous pousse à mal agir : aussitôt engagés dans la mauvaise voie, nous nous laissons facilement entraîner. « Mon premier vol fut une affaire de complaisance », avoue le narrateur, « mais il ouvrit la porte à d'autres qui n'avaient pas une si louable fin » (*ibid.*). Chaque faute en appelle une autre qui ressemble tant à la première qu'on la commet sans y penser. Nous sommes donc victimes du mal que nous avons fait. Le héros, séjournant à l'hospice de Turin, comprend qu'il a tort de renoncer au protestantisme. Mais il croit qu'il ne peut pas faire marche arrière. « Je ne me disais pas : rien n'est fait encore, et tu peux être innocent si tu veux », écrit-il ; « [...] je me disais : gémis du crime dont tu t'es rendu coupable et que tu t'es mis dans la nécessité d'achever » (L. II, p. 101). Il ira ainsi jusqu'au bout d'une faute qui lui fait pourtant horreur.

Les deux fois, le sentiment du bien intervient donc à contretemps : le scrupule d'abord, la honte ensuite poussent en fait à mal agir. Cette analyse remet en cause l'opposition si tranchée qu'on fait habituellement entre le bien et le mal.

UNE INVITATION À L'INDULGENCE

Parce que bien et mal sont parfois proches l'un de l'autre, le narrateur nous invite à nuancer notre jugement sur les actions ou les sentiments de Jean-Jacques.

Deux notions entremêlées

Rousseau aime montrer à quel point il est facile de basculer du bien dans le mal. « Je passai de la sublimité de l'héroïsme à la bassesse d'un vaurien », écrit-il (L. I, p. 73). Il ajoute un peu plus loin : « j'avais toujours été trop haut ou trop bas ; Achille ou Thersite[1], tantôt héros, tantôt vaurien » (L. III, p. 132). On passe

1. Achille et Thersite sont deux personnages de l'*Iliade* d'Homère. Le premier est un héros puissant et courageux. Le second est lâche et ridicule.

d'un extrême à l'autre avec une surprenante facilité – et généralement avec les meilleures intentions. Les corrections infligées à l'enfant en fournissent un exemple intéressant. Deux fessées mémorables sont administrées à Jean-Jacques pour redresser ses torts. La première l'éveille pour toujours à un type de plaisir interdit. La seconde le détourne de l'innocence et lui apprend « à [se] cacher, à [se] mutiner, à mentir » (L. I, p. 51). En voulant rendre l'enfant meilleur, les Lambercier le mettent donc par deux fois sur la mauvaise pente. Leur souci du bien produit un résultat inverse à celui qu'ils attendent.

Les apparences, les faits, les intentions

Rousseau nous enseigne à ne juger qu'avec prudence des apparences, des faits ou même des intentions.

Le narrateur souligne que les apparences sont généralement trompeuses. Quand Jean-Jacques accuse injustement Marion, il a pour lui l'aplomb que donne le mensonge. La jeune fille n'a pour elle que sa sincérité : « Cette modération, comparée à mon ton décidé, lui fit tort. Il ne semblait pas naturel de supposer d'un côté une audace aussi diabolique, et de l'autre une aussi angélique douceur » (L. II, p. 125). C'est au nom de l'évidence qu'on fait – à tort – confiance à Jean-Jacques : « les préjugés étaient pour moi » (*ibid.*). Le lecteur retiendra cette leçon et se méfiera désormais des apparences.

Mais même si l'on ne regarde que les faits, il est encore facile de se tromper. Quand le héros vole et accuse Marion, ses actions parlent contre lui. Il n'est pas mauvais pour autant : « Jamais la méchanceté ne fut plus loin de moi que dans ce cruel moment » (*ibid.*, p. 127). À l'en croire, l'acte est mauvais, mais non pas ses motivations. Jean-Jacques a dénoncé Marion parce qu'il pensait secrètement à elle et voulait lui donner le ruban (*ibid.*). On peut évidemment hésiter sur un tel argument : l'intention n'excuse pas tout. Mais Rousseau veut adoucir le jugement de son lecteur. Il nous montre qu'on se trompe tout autant en jugeant Jean-Jacques sur les apparences (qui le disculpent) que sur les faits (qui l'accablent).

Que faut-il alors considérer ? L'intention, sans doute. Mais on mesure à quel point elle est difficile à juger. Le narrateur le souligne souvent – et toujours à son profit. Tandis que les hommes lui paraissent mauvais (il parle par exemple de la « malignité des hommes », L. II, p. 96), il se prétend, lui, foncièrement bon. Il introduit ainsi un jugement double qui accable le genre humain pour mieux innocenter Jean-Jacques. Chez lui, la flatterie n'est pas mauvaise, puisqu'elle provient du désir de faire plaisir (*ibid.*, p. 80). Ses « noirceurs » ne sont au fond que de la « faiblesse » (*ibid.*, p. 127). Dès lors qu'il parle de lui-même, Rousseau devient l'homme des circonstances atténuantes.

COMMENT RECONNAÎTRE LE BIEN ?

Si le bien et le mal sont indissociables, le lecteur se demande comment il est possible de reconnaître le bien. À cette question, il n'y a pas de réponse définitive. Comme dans un jeu de piste, Rousseau nous livre pourtant quelques indices.

L'influence de la nature

Rousseau identifie souvent la nature et le bien. Les paysans des environs de Genève accueillent le héros « avec plus de bonté que n'auraient fait des urbains » (L. II, p. 80). Leur générosité n'a pas même l'allure de la charité : « ils n'y mettaient pas assez l'air de la supériorité » (*ibid.*). Sitôt dépassée la méfiance initiale, un paysan français se révèle accueillant et amical (L. IV, p. 217). Un « brave homme » qui tient une auberge près de Lausanne héberge gratuitement Jean-Jacques. Le narrateur salue « l'humanité simple et sans éclat de cet honnête homme » (*ibid.*, p. 197). La nature incline l'homme à la bonté[1].

Les grandes villes abritent moins de gentillesse et de vertu. À Turin, Jean-Jacques côtoie des « bandits » et des « coquins » (L. II, p. 97). À Paris, il est « beaucoup flatté et peu servi » (L. IV, p. 213). À Lyon, il rencontre « la plus affreuse corruption » (*ibid.*, p. 222). Seule Genève est miraculeusement préservée de la perversité des villes.

---

1. Cette confiance en la nature explique encore la valeur morale que Rousseau reconnaît au peuple, alors qu'il juge les puissants corrompus. Chez les gens simples, « les sentiments de la nature se font entendre ». Chez ceux qui les dominent, au contraire, « il n'y a jamais que l'intérêt ou la vanité qui parle » (L. IV, p. 198).

Une morale du bonheur

Le bien se confond souvent avec le bonheur. Quand il imagine l'humanité primitive, Rousseau lui prête la sérénité et la joie que Montaigne attribue aux sauvages d'Amérique. Dans *Les Confessions*, l'« heureux âge » (L. I, p. 52) qu'est l'enfance est à la fois celui du bien-être et celui de l'innocence. Pour Rousseau, la vertu engendre le repos de l'âme et la morale se confond avec le bonheur, voire le plaisir. « L'innocence des mœurs a sa volupté, qui vaut bien l'autre », écrit-il (L. IV, p. 187). Le désir d'être bon n'est donc pas, pour lui, un renoncement au bien-être.

Le mal, au contraire, va de pair avec le tourment. Quand, à Bossey, les enfants perdent leur innocence première, ils se privent en même temps du plaisir des jeux et de la campagne (L. I, p. 51). Le mal apporte encore le tourment par le biais du remords. Les mauvaises actions poursuivent éternellement leur auteur et « le souvenir ne s'en éteint point » (L. IV, p. 181). Le temps révèle la valeur de nos actions. Le bien ne laisse en nous qu'une insouciance heureuse. Le mal nous fait endurer « les longs souvenirs du crime et l'insupportable poids des remords » (L. II, p. 124).

Quand il vit dans la nature ou quand il est heureux, l'homme est authentique. En somme, il est bon chaque fois qu'il est lui-même. La morale de Rousseau n'a rien d'abstrait. Elle se garde des systèmes ou des condamnations sévères. Si elle se traduit en termes simples, c'est qu'elle se résume justement à la recherche de la simplicité.

11 La condamnation de la société

Dans les premiers Livres des *Confessions*, Jean-Jacques découvre la société. Mais il ne s'y comporte pas comme le héros ambitieux d'un « roman de formation ». Car, s'il passe d'un milieu à l'autre, il ne s'intègre en réalité à aucun d'eux. À partir du récit de sa propre expérience, Rousseau nous fait réfléchir sur la société, à laquelle il reproche d'asservir et de corrompre l'individu.

UN « ROMAN DE FORMATION » ?

Les grandes lignes du récit

Les Confessions offrent à première vue certaines caractéristiques de ce qu'on nomme un « roman de formation ». Dans ce type de récit, un héros, souvent jeune, beau et pauvre, part tenter sa chance loin de sa ville natale. Il traverse les différentes couches de la société, séduit une femme influente et se fait grâce à elle une place dans le monde[1]. Tel est bien, à première vue, le schéma des *Confessions*. Jean-Jacques quitte Genève en ne se fiant qu'à sa chance. Il connaît quelques mésaventures. Il rencontre Mme de Warens qui va devenir sa protectrice. À la fin du Livre IV, celle-ci parvient à le faire entrer au service du roi de Sardaigne. Ainsi, après un temps d'expérience (« quatre ou cinq ans de courses, de folies et de souffrances », L. IV, p. 229), Jean-Jacques trouve une situation enviable. Il peut alors se réjouir : « je commençai pour la première fois à gagner mon pain avec honneur » (*ibid.*).

---

1. Les romans de formation – ou romans d'apprentissage – les plus célèbres sont *Le Rouge et le Noir* (1830) et *La Chartreuse de Parme* (1839) de Stendhal ; *Le Père Goriot* (1835) et *Illusions perdues* (1837-1843) de Balzac ; *Bel Ami* (1835) de Maupassant. Il est à noter que tous ces romans furent écrits au XIXe siècle (alors que Rousseau compose *Les Confessions* entre 1765 et 1770).

Le caractère de Jean-Jacques

À y regarder de plus près, Jean-Jacques ne ressemble pourtant pas aux héros des romans de formation. Ce n'est pas un ambitieux. « Tantôt héros et tantôt vaurien » (L. III, p. 132), il ne s'élève pas, palier par palier, jusqu'au pouvoir ou à la fortune. Son itinéraire hasardeux n'a rien de la trajectoire précise des personnages de Balzac ou Stendhal qui vont droit au but (c'est-à-dire à la réussite). Jean-Jacques, lui, se signale par son « penchant à dégénérer » (L. I, p. 63). Les quelques succès qu'il remporte restent sans lendemain : il ne demeure pas chez ceux qui semblent lui vouloir du bien. Il ne reste en effet ni chez Mme Basile, ni chez le comte de Gouvon, ni chez son neveu l'abbé de Gouvon, ni chez le marquis de Bonac.

En outre, Jean-Jacques n'est pas un être volontaire. Ses départs sont plus souvent des coups de tête que des actes réfléchis. Quant à ses allées et venues, elles sont généralement dues à l'initiative d'autrui. M. de Pontverre l'envoie à Annecy. M. Sabran lui suggère d'aller à Turin. Mme de Warens lui demande d'accompagner M. Le Maître à Lyon. Jean-Jacques obéit chaque fois. Il ne monte pas à l'assaut de la société, décidé à prendre sa vie en main. Il se soumet au hasard des rencontres et s'incline devant la volonté des autres.

Mais surtout, le héros ne fait preuve d'aucune aptitude à comprendre les lois de la société. Au contraire, à mesure qu'il avance en âge, il ressent le désir de fuir les hommes ou de contester la manière dont ils se comportent. Le narrateur résume ainsi son expérience : « Plus j'ai vu le monde, moins j'ai pu me faire à son ton » (L. IV, p. 208). Ce bilan est absolument l'inverse de celui de tout roman de formation. Sans doute, à la fin du Livre IV, la situation de Jean-Jacques s'est-elle stabilisée : grâce à Mme de Warens, il a obtenu un emploi. Mais ce répit ne doit pas faire illusion. Un coup d'œil sur le Livre V nous apprend que Jean-Jacques ne va guère rester au service du roi de Sardaigne. Il se dégoûte rapidement de ce nouveau métier. S'il ne parvient à se satisfaire d'aucune place dans la société, c'est que celle-ci lui semble fondamentalement mauvaise.

UNE SOCIÉTÉ CORRUPTRICE

Démonstration par l'exemple

Rousseau ne nous livre dans *Les Confessions* aucune théorie sur la société. Il se garde en effet de toute argumentation abstraite : « Toutes mes idées sont en images », dit-il (L. IV, p. 229). Il a pourtant, dans ses ouvrages de philosophie politique[1], condamné le principe même de la vie en société. Car, pour lui, quand les hommes s'organisent en communauté, chacun se soumet au pouvoir des autres et renonce à sa liberté. De plus, les peuples acceptent parfois d'obéir à un tyran qui les opprime. Ainsi, alors que l'homme est né pour être libre, la société fait de lui un esclave. À l'opposé de la vie naturelle, la vie sociale repose donc, pour Rousseau, sur des bases foncièrement mauvaises.

Cette analyse théorique n'est pas reprise dans *Les Confessions*, où les idées politiques ne sont introduites qu'à partir d'exemples. Rousseau montre ainsi comment, lorsqu'il est apprenti chez M. Ducommun, il se laisse entraîner à voler. De cette anecdote individuelle, le narrateur tire un enseignement plus général : selon la place qu'elle lui réserve, la société fait de chacun un honnête homme ou un vaurien. Soumis à la convoitise sans pouvoir la satisfaire, « tous les laquais sont des fripons » (L. I, p. 65). Ils n'en sont pas réellement responsables. Ils se laissent seulement gagner par « les vices de [leur] état » (*ibid.*, p. 73). Ce qui revient à dire que l'homme n'est jamais spontanément malhonnête : il est simplement corrompu par la société.

Critique des châtiments

Rousseau démonte le mécanisme par lequel, selon lui, la société pervertit l'enfant ou l'adolescent.

Ce sont les châtiments injustes, plus encore que les mauvais exemples, qui sont, pour Rousseau, la cause de tous les maux. En punissant par erreur Jean-Jacques et son cousin, M. et

1. Ces ouvrages ont tous été écrits avant *Les Confessions*. Ce sont le *Discours sur les sciences et les arts*, le *Discours sur l'origine et les fondements de l'inégalité parmi les hommes* et *Du contrat social*. Voir p. 9-10.

Mlle Lambercier les incitent à se cacher et à mentir (L. I, p. 51). Ils les poussent en somme dans la mauvaise voie. De même, l'autorité abusive de M. Ducommun corrompt Jean-Jacques. Car sans elle le héros n'aurait pas cédé à de mauvais penchants : « La tyrannie de mon maître finit [...] par me donner des vices que j'aurais haïs » (*ibid.*, p. 63). Le châtiment ne punit pas la faute. Il la crée au contraire. En supprimant la notion de responsabilité morale, il incite à mal agir. Sachant qu'il sera de toute façon battu, l'enfant perd ses scrupules : « je me mis à voler plus tranquillement qu'auparavant » (*ibid.*, p. 68).

Cette analyse du châtiment a une portée politique : elle met en cause la notion d'autorité. Car si le châtiment est corrupteur, c'est que l'autorité est injuste et brime à tort celui qui est sans pouvoir. Que serait-il arrivé à Jean-Jacques s'il avait été pris en train de voler des asperges pour le compte de Verrat ? C'est lui et non Verrat qui aurait été puni. Toujours, en effet, « le fort coupable se sauve aux dépens du faible innocent » (*ibid.*, p. 66). L'anecdote du ruban volé illustre l'habileté du coupable à faire accuser l'innocent. Cette fois encore, la société rend un verdict injuste. Certes, Jean-Jacques a eu tort de mentir. Mais ce mensonge ne serait rien sans le jugement du monde qui se rend complice de l'injustice et contraint l'innocent à devenir mauvais. Qu'est devenue Marion ? Le « découragement de l'innocence avilie » l'a probablement poussée à des actions plus noires, voire à la prostitution (L. II, p. 126). Cette innocente aura été pervertie par la société.

UNE POSITION POLITIQUE

Ce bilan sévère ne débouche pas sur une véritable contestation de la société. Rousseau ne prétend pas redresser le monde dans lequel il vit. Il ne s'abstient cependant pas de tout jugement politique. Il suggère par exemple le moyen de prendre parfois une revanche contre l'injustice. Il plaide pour certaines valeurs civiques. Et parfois, il nous laisse rêver à un monde meilleur.

Les instants de revanche

Rousseau montre comment, très tôt, il livre combat contre l'injustice. « Me voilà déjà redresseur des torts » (L. I, p. 58), dit

Jean-Jacques quand il défend son cousin contre des écoliers moqueurs. Son attitude est touchante et un peu dérisoire, comme la manière dont il s'enflamme au récit d'une injustice : « Quand je lis les cruautés d'un tyran féroce, les subtiles noirceurs d'un fourbe de prêtre, je partirais volontiers pour aller poignarder ces misérables » (L. I, p. 51). La fougue de Jean-Jacques est aussi naïve que son indignation est légitime. Rousseau s'irrite toujours face à l'oppression politique et à l'hypocrisie religieuse.

Plus efficace que la colère, l'intelligence permet à Jean-Jacques de lutter contre l'injustice. À Turin, il se bat à coup d'arguments contre les prêtres catholiques de l'hospice. Il brille encore par son esprit quand, n'étant que laquais, il voudrait séduire Mlle de Breil. Lorsqu'il parvient à attirer son attention en répondant finement au comte de Gouvon, il croit faire un acte politique. Voici comment il analyse l'instant de son triomphe : « Ce fut un de ces moments trop rares qui replacent les choses dans leur ordre naturel, et vengent le mérite avili des outrages de la fortune » (L. III, p. 138). En remportant une satisfaction d'amour-propre, Jean-Jacques croit avoir vengé le peuple de ses humiliations. Il pense avoir remplacé l'ordre social par l'ordre naturel, c'est-à-dire avoir supprimé un rapport de forces arbitraire par la supériorité légitime de l'esprit. L'intelligence lui a offert une revanche contre la société. Le talent lui en offrirait une autre si l'on venait à l'enfermer : « j'ai dit cent fois que si j'étais mis à la Bastille, j'y ferais le tableau de la liberté » (L. IV, p. 226).

Les valeurs civiques

Rousseau indique les valeurs sur lesquelles, d'après lui, une société doit se fonder. Il admire les cités antiques où abondent les actes d'héroïsme moral et civique. Le courage et le sens de l'honneur sont ici au service de la liberté. La conception gréco-romaine de la vertu forge le caractère de Jean-Jacques et lui rend la servitude odieuse. Son esprit sera pour toujours « libre et républicain » (L. I, p. 38). Ces références livresques confortent en même temps son patriotisme. Jean-Jacques est fier d'être né, comme les grands hommes dont il lit l'histoire, « citoyen d'une république » (*ibid.*). L'auteur des *Confessions* aura toujours l'orgueil de se proclamer « citoyen de Genève ».

Genève est à la fois une patrie aimée et une référence politique. Rousseau écrit en effet : « En même temps que la noble image de la liberté m'élevait l'âme, celle de l'égalité, de l'union, de la douceur des mœurs, me touchait jusqu'aux larmes » (L. IV, p. 194). Rousseau, après que ses œuvres eurent été interdites et brûlées à Genève, a pu émettre quelques réserves sur sa ville natale. Les valeurs genevoises sont cependant restées les siennes et il n'hésite pas à les citer en exemple.

Le rêve d'un monde meilleur

Peut-il y avoir un monde meilleur ? Rousseau ne propose aucun système idéal mais ses choix affectifs permettent d'imaginer quel type de société aurait sa préférence.

Il se méfie des puissants et proclame sa « haine inextinguible [...] contre les vexations qu'éprouve le malheureux peuple et contre ses oppresseurs » (*ibid.*, p. 217). Par ailleurs, il se méfie des villes qu'il juge corrompues alors que les paysans lui paraissent vertueux et généreux. En matière d'argent, il ne songe qu'à gagner honnêtement des sommes suffisantes mais modestes. Le rêve de Jean-Jacques serait-il de vivre, loin de tout État, dans une communauté rurale à l'intérieur de laquelle les hommes seraient égaux entre eux ? Peut-être. Mais à la différence de Voltaire qui chercha toujours à agir[1], Rousseau ne tenta pas de concrétiser son rêve. Son désir d'un monde meilleur reste abstrait. Sa vision de la société est sans doute trop désespérée pour déboucher sur une action politique.

Par son œuvre philosophique, Rousseau inspirera après sa mort les hommes politiques de la Révolution française. Ses cendres seront même transférées au Panthéon en 1794. Mais dans *Les Confessions*, le narrateur ne parle ni en prophète ni en maître à penser. Il se peint au contraire comme un homme rejeté pour avoir tenté d'être fidèle à ses principes. Parce qu'il veut mettre en application une certaine conception du bien, il passe pour un fou (L. II, p. 92). Pour Rousseau, la société et la morale sont nécessairement en guerre.

---

1. Entre 1750 et 1753, Voltaire séjourna à la cour du roi de Prusse Frédéric II, sur lequel il espérait avoir une influence. Par la suite, il prit publiquement la défense de certaines victimes de l'injustice. À la fin de sa vie (entre 1758 et 1778), Voltaire s'établit à Ferney (à la frontière de la Suisse et de la France), où il travailla à faire respecter certaines valeurs, comme la tolérance ou la liberté.

12 Argumentation et persuasion

Dans *Les Confessions*, Rousseau raconte sa vie, analyse son caractère et étudie la formation de sa personnalité. Mais il cherche également à nous persuader de son innocence. Pour y parvenir, il s'adresse autant à notre intelligence qu'à notre sensibilité. Il veut en effet démontrer qu'il a raison et gagner en même temps notre estime ou notre sympathie.

L'ART DE PRÉSENTER LES FAITS

Lorsque Jean-Jacques présente ses torts, il prépare déjà la défense qui va suivre. Les procédés qu'il utilise sont d'autant plus efficaces qu'ils sont discrets et nuancés.

Ainsi, lorsque le narrateur évoque le plaisir que lui procure la fessée, il s'aventure sur un terrain délicat. Une telle confidence pourrait en effet paraître choquante ou ridicule. Rousseau se justifie à deux reprises. Il avoue sa gêne avant d'aborder le sujet : « Il est embarrassant de s'expliquer mieux, mais cependant il le faut » (L. I, p. 44). Puis, après avoir exposé les faits, il rappelle la difficulté d'une telle confession : « On peut juger de ce qu'ont pu me coûter de semblables aveux » (*ibid.*, p. 48). L'accent est donc mis, non sur les faits eux-mêmes, mais sur la difficulté de les raconter. Par ce procédé habile, le narrateur transforme sa faiblesse en force. La confession, présentée comme un acte de courage et de franchise, inspire au narrateur de la fierté plutôt que de la honte : « Dès à présent je suis sûr de moi : après ce que je viens d'oser dire, rien ne peut plus m'arrêter » (*ibid.*).

L'épisode du ruban dérobé est présenté de manière différente. Cette fois, les torts de Jean-Jacques sont plus graves (il a accusé une innocente d'un vol qu'il avait lui-même commis). Il n'est donc pas aisé de mettre le lecteur de son côté. Le narrateur retarde la description des faits. Il annonce d'abord l'aveu d'« un crime » dont le remords « insupportable » l'accable depuis « quarante ans » (L. II, p. 124). Nous imaginons le pire. Puis, au moment où nous découvrons la réalité, nous sommes enclins à l'indulgence. Par l'annonce d'un acte impardonnable, Jean-Jacques s'est déjà fait excuser.

Le narrateur relate plus brièvement la manière dont il abandonna Le Maître à Lyon. Pris d'une crise d'épilepsie, celui-ci « fut délaissé du seul ami sur lequel il eût dû compter » (L. III, p. 177). Jean-Jacques s'éclipse en une seconde : « Je pris l'instant où personne ne songeait à moi; je tournai le coin de la rue, et je disparus » (*ibid.*). Avant même que Rousseau entreprenne de se justifier, le lecteur a compris son mode de défense : sa faute n'est due qu'à l'affolement et à la précipitation. La récit de l'événement est déjà une plaidoirie.

LES PROCÉDÉS DE L'ARGUMENTATION

Le narrateur achève de s'innocenter par la manière dont il examine sa culpabilité. Nous avons noté que Rousseau s'attachait moins à l'aveu de ses fautes qu'à la justification de sa conduite : ses *Confessions* ressemblent en fait à un plaidoyer bien argumenté[1]. Nous avons également relevé son art de distinguer l'action et l'intention, en soulignant que les gestes les plus condamnables peuvent être le fruit de « bons sentiments mal dirigés » (L. I, p. 65)[2]. Insistons ici sur trois autres procédés :

1. Rousseau avoue rarement une action blâmable sans rappeler qu'elle se situe au cœur d'une vie entièrement consacrée au bien. Jean-Jacques a pris une fois, lors d'une fessée, un plaisir qu'il juge coupable. Mais ce goût lui a « conservé des sentiments purs et des mœurs honnêtes » (*ibid.*, p. 48). N'est-ce pas là le principal ? L'accusation portée contre l'innocente Marion est injuste. Mais elle est compensée par « quarante ans de droiture et d'honneur dans des occasions difficiles » (L. II, p. 128). Qui refuserait d'excuser un instant d'égarement lorsqu'il est racheté par toute une vie de vertu ?

2. Rousseau montre également qu'il n'est pas le seul responsable des fautes qu'il a commises. Celles-ci lui ont été

---

1. Voir p. 27.
2. Voir p. 84-85.

généralement inspirées par d'autres. Il a volé des asperges à la demande de son ami Verrat. Il a désobéi à son maître, M. Ducommun, parce que celui-ci le brimait et l'humiliait. Il a abandonné la religion protestante sous l'influence de prêtres catholiques peu scrupuleux. Et s'il accuse injustement Marion, M. de la Roque y est pour quelque chose. Il s'y prend bien mal avec le jeune menteur, qui ne demandait au fond qu'à avouer ses torts (« on ne fit que m'intimider quand il fallait me donner du courage », L. II, p. 127). Si Jean-Jacques a mal agi, la faute en revient aux autres. Le narrateur est passé de la défense à l'attaque.

3. Rousseau pose enfin le problème de sa culpabilité de manière partiale. À la première page, le narrateur s'empresse d'affirmer qu'il n'a « jamais fait ou voulu faire » le mal (L. I, p. 31) et qu'il est peut-être le « meilleur » des hommes (*ibid.*, p. 33). Par la suite, les faits montrent que Jean-Jacques n'est pas incapable de mal agir. Mais l'affirmation de principe (le moi profond est bon), est posée d'entrée sans démonstration, ce qui fausse les règles du débat. Celui-ci est d'ailleurs curieusement engagé. Nous sommes conviés à un procès dans lequel Jean-Jacques joue tous les rôles. Il est à la fois accusé et juge, témoin et avocat. Il serait surprenant, dans ces conditions, que son innocence ne soit pas reconnue.

LA DÉFENSE DU MOI

L'affirmation

Quand il veut plaider sa cause, le narrateur affirme vigoureusement ses idées et s'adresse à son lecteur avec autorité. Il le fait non seulement dans le préambule ou au début du Livre I, mais chaque fois qu'il défend une position. Il joue alors avec autorité du pronom personnel « moi ». Ce monosyllabe éclatant est toujours mis en valeur dans le rythme de la phrase. Quel sera l'homme exemplaire dont l'étude sera « utile » (L. I, p. 31) à tout le genre humain ? « [...] *moi. Moi* seul », écrit Rousseau (*ibid.*, p. 33). Il avait d'ailleurs usé, dans une première version de son texte, d'une formule encore plus affirmative : « *Moi.* Oui, *moi, moi* seul[1] ».

---

1. Rousseau, « Ébauches des *Confessions* », *Œuvres complètes*, Gallimard, « Bibliothèque de la Pléiade », 1958, t. I, p. 1149.

Le pronom « moi » revient quand le narrateur justifie son projet contre des attaques éventuelles. Plusieurs passages montrent que le « moi » a systématiquement raison contre tous, notamment contre le lecteur : « Je sais bien que le lecteur n'a pas grand besoin de savoir tout cela, mais j'ai besoin, *moi*, de le lui dire » (L. I, p. 52), « des lecteurs impatients s'ennuieront peut-être, mais *moi* je ne serai pas mécontent de mon travail » (L. IV, p. 230). L'affirmation est décisive : elle tient lieu d'argument et de justification.

Nous avons l'impression que le narrateur se dresse face à nous avec autorité et nous force à admettre qu'il a raison. Rousseau use de différentes formules pour présenter son point de vue de manière orale : « Je déclare à la face du Ciel que… » (L. I, p. 49), « j'ose affirmer [...] que… » (L. II, p. 87), « j'ai dit cent fois que… » (L. IV, p. 226). Parfois, la phrase prend un tour plus ample : « je le dis avec autant de vérité que de fierté… » (L. III, p. 146), « J'ai dit, je répète et je répéterai peut-être une chose dont je suis tous les jours plus pénétré… » (L. II, p. 98). L'insistance du narrateur – ou de l'orateur – donne de la fermeté à ses propos, et contribue ainsi à la défense du moi.

La mise en valeur du moi

Le narrateur n'hésite pas à se mettre plus nettement en valeur. Certes, Rousseau ne manque pas de modestie. Le souci de sa sincérité est si scrupuleux qu'il avoue même ce qu'il juge « ridicule et honteux » (L. I, p. 48). En outre, il accepte souvent de nous faire rire de lui. Mais il efface ensuite cette image négative. Il raconte avec humour son concert pitoyable chez M. de Treytorens : « Non, depuis qu'il existe des opéras français, de la vie on n'ouït un semblable charivari » (L. IV, p. 200). Mais aussitôt, franchissant quelques années, il nous apprend qu'il fera un jour représenter devant le roi un opéra (*Le Devin du village*). Aux éclats de rire du moment, succéderont alors des louanges que le narrateur prend soin de citer : « Quels sons charmants ! Quelle musique enchanteresse ! Tous ces chants-là vont au cœur ! » (*ibid.*). Rousseau ne se vante pas, mais il veille à ce que le lecteur lui conserve son estime et son admiration.

Certaines indications éparses dans l'ouvrage dressent de Jean-Jacques un portrait flatteur. Il est présenté comme un enfant particulièrement doué. Le narrateur réfute par avance notre méfiance ou notre ironie. « L'on rira de me voir me donner modestement pour un prodige. Soit : mais quand on aura bien ri, qu'on trouve un enfant qu'à six ans les romans [...] transportent au point d'en pleurer à chaudes larmes; alors je sentirai ma vanité ridicule et je conviendrai que j'ai tort » (L. II, p. 99). Ces dons exceptionnels sont stimulés par un milieu remarquable : « si jamais enfant reçut une éducation raisonnable et saine, ç'a été moi » (*ibid.*, p. 98). Jean-Jacques a également des dispositions religieuses extraordinaires : « Trouvez des J.-J. Rousseau à six ans, et parlez-leur de Dieu à sept. Je vous réponds que vous ne courez aucun risque » (*ibid.*, p. 99). Devenu jeune homme, il possède, comme dernier atout, un physique avantageux : « j'avais un joli pied, la jambe fine, l'air dégagé, la physionomie animée, la bouche mignonne » (*ibid.*, p. 83). Le problème n'est pas de savoir si Rousseau se vante. Il nous suffit ici de remarquer qu'il fait suivre l'aveu de ses fautes d'une mise en valeur efficace du moi.

LES LIMITES DE L'ARGUMENTATION

La justification du narrateur est souvent convaincante, et nous sommes prêts à le suivre dans la démonstration de son innocence. Certaines faiblesses d'argumentation peuvent toutefois être relevées, qui permettent de mesurer sa partialité. Rousseau, d'ailleurs, peut également renoncer à toute argumentation pour chercher seulement à nous émouvoir : c'est encore une manière de nous disposer en sa faveur.

Les faiblesses de la démonstration

Le narrateur utilise parfois des arguments discutables. Il a commis, dit-il, un seul vol d'argent dans sa vie. Il s'est fait rembourser un billet de théâtre qu'on lui avait offert. Pour excuser cet acte, il l'analyse en ces termes : « Ce n'était pas précisément voler cet argent; c'était en voler l'emploi » (L. I, p. 72). Étrange distinction ! Il y a donc vol d'argent quand le voleur cherche à s'emparer d'une somme. Il y a vol de « l'emploi » de l'argent quand le voleur cherche seulement à disposer d'une somme comme il l'entend. Le lecteur a tout de même envie de réagir : n'est-ce pas toujours parce qu'on cherche à disposer d'une somme que l'on commet un vol ? La distinction de Rousseau paraît fragile. D'autant qu'il n'explique pas pourquoi, par la suite, il considère que le vol de « l'emploi » de l'argent n'est pas un vol à proprement parler, mais seulement « une infamie » (L. I, p. 72). La démonstration n'est pas très rigoureuse.

Autre faiblesse de l'argumentation : Rousseau peut entrer en contradiction avec lui-même. Quand M. Ducommun surprend ses apprentis en train de graver des médailles et les accuse de fabriquer de la fausse monnaie, Jean-Jacques proteste : « Je puis bien jurer que je n'avais nulle idée de la fausse monnaie, et très peu de la véritable » (*ibid.*, p. 63). Il s'abrite derrière cet argument : « Je savais mieux comment se faisaient les as romains que nos pièces de trois sols » (*ibid.*). La phrase contredit ce que nous lisons, à la même page, quelques lignes plus haut : « Mon latin, mes antiquités [...], tout fut pour longtemps oublié ; je ne me souvenais pas même qu'il y eût eu des Romains au monde » (*ibid.*). Il s'agissait alors d'expliquer pourquoi Jean-Jacques n'était jamais retourné voir M. et Mlle Lambercier. Les deux fois, le narrateur se disculpe avec adresse. Mais les deux arguments qu'il donne entrent en contradiction l'un avec l'autre.

L'appel à l'émotion

Renonçant à prouver sa bonne foi, Rousseau se place parfois sur le terrain de l'émotion. Il attendrit son lecteur en décrivant la longue chaîne de ses souffrances. La venue au monde tient ici la première place : « ma naissance fut le premier de mes malheurs » (L. I, p. 35). Rousseau réduit toute sa vie à un martyre : « peu d'hommes ont autant gémi que moi, peu ont autant versé de pleurs dans leur vie » (L. III, p. 147). Cette position de victime plaide évidemment pour son innocence. D'autant que Rousseau adopte, en même temps qu'il se plaint, l'attitude réservée et pudique de celui qui craint d'ennuyer son auditoire : « Ah ! n'anticipons point sur les misères de ma vie ; je n'occuperai que trop mes lecteurs de ce triste sujet » (L. I, p. 78).

Chaque fois qu'il évoque un moment heureux, le narrateur insiste sur le fait qu'il s'agit là d'un des derniers bonheurs de sa vie. Ce trait apparaît dès les premiers Livres. La correction de Bossey compromet définitivement le bonheur de l'enfance : « Là fut le terme de la sérénité de ma vie enfantine » (*ibid.*, p. 51). Ce thème du bonheur perdu domine toutes *Les Confessions*.

Rousseau doute même qu'il ait jamais connu le bien-être ou la sérénité : « Hélas ! mon plus constant bonheur fut en songe ; son accomplissement fut presque à l'instant suivi du réveil » (L. III, p. 152). La plainte et la nostalgie contribuent à faire de Jean-Jacques un personnage émouvant et fragile, dont les malheurs appellent le respect et la sympathie.

Pour mener à bien sa défense, d'une part Rousseau s'adresse à notre sens de l'analyse et nous convainc par des arguments habiles. D'autre part, il recherche notre estime et notre sympathie. Il use en tout cas d'une gamme étendue de procédés pour nous gagner à sa cause.

Au Livre V, le narrateur affirme : « Ma fonction est de dire la vérité, mais non pas de la faire croire » (p. 258). Ce n'est pas tout à fait exact : il manie parfaitement l'art de « faire croire », c'est-à-dire l'art de persuader.

13 La variété des tons

La littérature du XVIIIe siècle est marquée par la division des genres. On pense alors que la tragédie, la comédie, le roman ou le conte obéissent à des règles différentes et doivent être composés dans le style qui leur est propre. Or, dans *Les Confessions*, Rousseau a recherché la variété des tons. Dans les ébauches de l'œuvre, il écrivait déjà : « Il faudrait pour ce que j'ai à dire inventer un langage aussi nouveau que mon projet. [...] Je prends donc mon parti sur le style comme sur les choses. Je ne m'attacherai point à le rendre uniforme ; j'aurai toujours celui qui me viendra, j'en changerai selon mon humeur sans scrupule[1] ».

LA SOLENNITÉ

La première page des *Confessions* est célèbre par la solennité du ton adopté. Rousseau convie son lecteur à une scène grandiose. Le narrateur s'adresse à Dieu, son livre à la main, sous le regard de toute l'humanité. Il présente son œuvre en empruntant des effets oratoires au genre du discours ou du sermon. L'éloquence – art de convaincre et de plaire – déploie ses procédés les plus sûrs. L'auteur use de périodes, c'est-à-dire de longues phrases équilibrées qui se déroulent harmonieusement. Il recourt aux répétitions (« ce sera *moi. Moi* seul »). Il adopte un rythme ternaire (« Voilà ce que j'ai fait, ce que j'ai pensé, ce que je fus »). Par cette ouverture, Rousseau affirme orgueilleusement le ton noble de l'ouvrage et proclame son choix d'un style élevé.

Les grandes articulations de l'œuvre relèvent de la même inspiration. La charnière entre les deux parties des *Confessions* (la fin du Livre VI et le début du Livre VII) est écrite, comme la conclusion (la fin du livre XII), dans un style soutenu. À l'intérieur de cet

---

1. Rousseau, « Ébauches des *Confessions* », *Œuvres complètes*, Gallimard, « Bibliothèque de la Pléiade », t. I, p. 1153-1154.

ensemble imposant, les parties légères sont des parenthèses divertissantes qui nous détendent de la gravité générale du ton.

Dans les Livres I à IV, le recours à la grandiloquence signale les épisodes remarquables (la punition injuste, la rencontre avec Mme de Warens). Les hyperboles[1] foisonnent quand Rousseau décrit le jardin d'Annecy : « Que ne puis-je entourer d'un balustre d'or cette heureuse place ! que ne puis-je attirer les hommages de toute la terre ! Quiconque aime à honorer les monuments du salut des hommes n'en devrait approcher qu'à genoux » (L. II, p. 83). Certains termes de ce passage ont même une résonance religieuse (« salut », « à genoux ») qui contribue à sacraliser l'événement.

Le recours au style élevé peut cependant être ironique. Le narrateur nous lance par exemple avec solennité : « Ô vous, lecteurs curieux de la grande histoire du noyer de la terrasse, écoutez-en l'horrible tragédie et vous abstenez de frémir si vous pouvez ! » (L. I, p. 53). Ce ton, peu en rapport avec l'insignifiante histoire de l'aqueduc, introduit dans le récit une rupture savoureuse. C'est là un procédé familier à Rousseau.

LES DÉCALAGES COMIQUES

Le décalage est le principal ressort comique du début des *Confessions*. Au seuil de cette œuvre sombre et angoissée, Rousseau a choisi d'amuser son lecteur en acceptant de faire rire de lui.

Le burlesque ou l'écart entre la chose et le ton

Le style burlesque tire sa force comique d'un écart entre la chose dont on parle et le ton sur lequel on l'évoque. La description d'une réalité noble sur un ton familier est burlesque. Est également burlesque le fait de raconter sur un ton élevé un

---

1. Une *hyperbole* est une figure de style qui consiste à mettre en relief une idée ou un sentiment, en utilisant une expression excessive, outrée. Quand on dit : « C'est à mourir de rire » ou « Je vous l'ai dit mille fois », on emploie une hyperbole.

événement insignifiant ou vulgaire. C'est cet aspect que privilégie Rousseau. Il décrit ainsi une punition d'enfant comme une scène de martyre : « je sortis de cette cruelle épreuve en pièces, mais triomphant » (L. I, p. 49). L'évocation de cet héroïsme enfantin peut faire sourire. Rousseau raconte une autre scène quotidienne en l'habillant de grandeur sacrée. Jean-Jacques veut dérober des pommes à son maître. Rien que de très banal. Mais Rousseau évoque, en même temps que son larcin, le haut fait d'Hercule qui vola au dragon endormi les pommes d'or du jardin des Hespérides[1]. Le petit voleur aura moins de chance que son vaillant prédécesseur :

> Ces pommes étaient au fond d'une dépense [...]. Un jour que j'étais seul dans la maison, je montai sur la may pour regarder dans le jardin des Hespérides [...]. Malheureusement le dragon ne dormait pas (*ibid.*, p. 66-67).

Ce portrait de Jean-Jacques en Hercule malchanceux appartient à l'inspiration burlesque.

L'autodérision ou l'écart entre le rêve et la réalité

Le narrateur veut nous faire rire des illusions dont il se berce. Il aime souligner l'écart entre ses rêves littéraires et la réalité brutale à laquelle ils se heurtent. Partant au hasard sur les routes, Jean-Jacques croit rencontrer « des festins, des trésors, des aventures, des amis prêts à [l]e servir, des maîtresses empressées à [lui] plaire » (L. II, p. 79). Mais il nous a déjà prévenus que la vie allait le « livrer aux horreurs de la misère », l'exposer à « toutes les tentations du vice et du désespoir » (*ibid.*). Sa crédulité reste pourtant entière.

Jean-Jacques s'imagine que la fontaine offerte par l'abbé de Gouvon le fera inviter partout où il passera (L. III, p. 144-145). Mais il casse très vite l'objet qui devait lui assurer l'hospitalité universelle. De même, sans savoir la musique, il pense qu'il suffit de se proclamer compositeur pour être capable de donner un concert. Mais à Lausanne, chez M. de Treytorens, il se couvre

1. Dans la mythologie grecque, les *Hespérides* sont trois sœurs qui surveillaient, aidées du dragon Ladon, de précieuses pommes d'or. Hercule parvint à dérober ces fruits magiques.

de ridicule. Autre exemple : quand il rejoint Paris pour se mettre au service du colonel Godard, il se voit « en habit d'officier avec un beau plumet blanc » (L. IV, p. 211). Mais il ne sera jamais embauché par M. Godard.

Rousseau fait de sa naïveté une source constante de comique. Il aime souligner la rapidité de ses emballements : « Nous n'imaginions partout que festins et noces » (L. III, p. 144), « Me voilà maître à chanter sans savoir déchiffrer un air » (L. IV, p. 198). Il s'abandonne plaisamment aux clichés les plus colorés : « je ne voyais plus que troupes, remparts [...] et batteries, et moi, au milieu du feu et de la fumée, donnant tranquillement mes ordres, la lorgnette à la main » (*ibid.*, p. 211). Le narrateur tire un effet comique de la manière dont Jean-Jacques réinvente constamment la réalité.

LES PORTRAITS

Nous trouvons dans *Les Confessions* des portraits très différents. Les uns nous attendrissent. Ils s'inspirent des romans d'amour du XVIIe siècle. D'autres nous font sourire. Ce sont des portraits pittoresques ou de brèves caricatures.

Le portrait romanesque

Rousseau s'inspire des portraits qu'on trouve dans les romans d'amour. C'est surtout le cas quand il décrit Jean-Jacques et Mme de Warens. Leurs portraits sont composés de touches successives, affirmant chacune l'excellence du modèle. Les tournures varient peu et reprennent toujours la même idée. La petitesse caractérise Jean-Jacques : « j'étais bien pris dans ma *petite* taille ; j'avais un *joli* pied, la jambe *fine* [...], la bouche *mignonne* [...], les yeux *petits* » (L. II, p. 82-83). La beauté domine chez Mme de Warens : « il était impossible de voir une plus *belle* tête, un plus *beau* sein, de plus *belles* mains et de plus *beaux* bras » (*ibid.*, p. 85). Le texte se voue à la répétition et à l'insistance, par désir de créer une unité romanesque. Jean-Jacques est le stéréotype du jeune page amoureux de sa dame et Mme de Warens est le symbole de la perfection féminine. Après de tels portraits, le roman d'amour est bien engagé.

Le portrait pittoresque

Rousseau compose aussi des portraits pittoresques qui interrompent le fil de la narration et peuvent être lus comme des morceaux de bravoure[1]. Dans leurs Mémoires, de nombreux aristocrates des XVIIe ou XVIIIe siècles ont décrit de manière savoureuse des personnages importants. Rousseau s'inspire de cet usage. C'est sur un ton mordant qu'il parle de M. Simon, le « juge-maje » – c'est-à-dire le président du tribunal – d'Annecy. L'homme lui-même ne joue pratiquement aucun rôle dans la vie de Jean-Jacques. Le narrateur éprouve d'ailleurs le besoin de justifier son évocation : « Quoique sa vie ait été peu liée à la mienne [...], j'ai cru pouvoir, par reconnaissance, lui consacrer un petit souvenir » (L. IV, p. 192).

Sa petite taille, sa voix alternativement aiguë ou grave, sa coquetterie font de M. Simon une figure pittoresque que le narrateur se plaît à évoquer. Rousseau accumule en deux pages quelques traits d'esprit un peu moqueurs : « sa grande perruque seule l'habillait parfaitement de pied en cap », « pour lui la dernière faveur était de baiser une femme au genou » (*ibid.*, p. 190 et 191).

La caricature

Enfin, Rousseau manie l'art de la caricature et du croquis. Il peint en quelques mots Bâcle, Venture ou le charlatan costumé en moine grec qui apparaît au Livre IV. Dans un souci de vivacité, il résume tel personnage à un trait principal et l'identifie souvent à un animal. C'est ainsi que Mlle Giraud possède « un museau sec et noir, barbouillé de tabac d'Espagne » (*ibid.*, p. 182). Le terme de « museau » en dit long sur l'allure de l'héroïne. Mlle Giraud reparaît quelques pages plus loin, « avec ses trente-sept ans, ses yeux de lièvre, son nez barbouillé, sa voix aigre et sa peau noire » (*ibid.*, p. 193). D'une manière mordante, l'auteur accentue deux traits : la noirceur et la bestialité. Il renonce au portrait véritable pour exécuter une caricature, donnant en quelques lignes une représentation outrée et comique de l'héroïne.

Les images animales sont fréquentes dans ces croquis. Rousseau les utilise pour leur expressivité, passant rapidement

1. Un *morceau de bravoure* est un passage brillant qui permet à un auteur de prouver sa virtuosité.

d'une espèce à l'autre sans grand souci de cohérence. Les personnages incarnent plusieurs animaux en même temps. M. Simon tient à la fois de la sauterelle (L. IV, p. 190) et du sapajou (*ibid.*, p. 191). M. Corvezi est « noir comme une taupe, fripon comme une chouette » (L. III, p. 166). Quant au premier professeur du séminaire, il représente un étrange bestiaire à lui seul, ayant « une voix de buffle, un regard de chat-huant, des crins de sanglier » (*ibid.*, p. 164).

LE NARRATEUR ET SON LECTEUR

Pour s'adresser à son lecteur Rousseau a recours à un ton familier. Appel à la curiosité, à la manière des camelots des rues, apostrophes savoureuses ou conversations imaginaires reviennent fréquemment sous sa plume.

Raconter pendant des centaines de pages l'histoire de sa vie est sans doute un défi. Pour que le lecteur prenne de l'intérêt à un tel récit, il faut qu'il accepte d'y jouer un rôle. Il faut aussi qu'il s'attache au personnage principal. C'est pourquoi Rousseau lui parle comme à un ami.

De l'allusion à l'apostrophe

Le narrateur s'adresse à son lecteur de deux manières différentes : en faisant allusion à sa présence ou en l'apostrophant.

Dans le premier cas, il mentionne son lecteur sans lui parler directement. Il envisage son existence de manière abstraite : « Je sais bien que le lecteur n'a pas grand besoin de savoir tout cela, mais j'ai besoin, moi, de le lui dire » (L. I, p. 52). Rousseau tient son auditoire à distance en parlant de lui à la troisième personne du singulier. Il a également recours aux tours impersonnels, qui sollicitent l'attention du lecteur sans le désigner :

> Qui croirait que ce châtiment d'enfant [...] a décidé de mes goûts, de mes désirs, de mes passions [...] ? (L. I, p. 45.)

> Qui croirait que la faute d'un enfant pût avoir des suites aussi cruelles ? (L. II, p. 124.)

Ces interrogations relancent l'intérêt et semblent nous demander chaque fois une réponse. Mais Rousseau ne s'adresse pas directement à nous : il s'en tient à l'utilisation de la troisième personne du singulier.

À l'occasion, ces questions peuvent cependant déboucher sur un verbe conjugué à la deuxième personne de l'impératif : « Croirait-on qu'à près de dix-neuf ans on puisse fonder sur une fiole vide la subsistance du reste de ses jours ? Or, *écoutez* » (L. III, p. 144). L'interrogation oratoire nous met alors en cause. Par le jeu des apostrophes, Rousseau nous implique dans son texte, s'adressant à nous comme le ferait, sur une scène, un acteur de théâtre. Le public est tantôt une seule personne (« Lecteur pitoyable ! partagez mon affliction ! », L. I, p. 67), tantôt une sorte d'assemblée (« Ô mes lecteurs ! ne vous y trompez pas », L. IV, p. 188). Ces tours plus directs ébauchent une relation amicale entre le narrateur et nous. Rousseau nous parle comme si nous étions face à lui.

Des conversations imaginaires

Parfois, l'auteur esquisse des conversations imaginaires avec son lecteur, comme si celui-ci coupait la parole au narrateur pour lui faire part de son étonnement ou de ses objections. Le narrateur répond et un dialogue s'ébauche : « Pourquoi, direz-vous, ne pas les écrire ? Et pourquoi les écrire ? vous répondrai-je » (*ibid.*, p. 215). La confession prend le tour d'une conversation amicale, d'autant plus familière que, parfois, le narrateur imagine que nous savons déjà ce qu'il n'a pas encore dit. Alors qu'il n'y a pas encore fait allusion, il feint de nous croire déjà informés de sa liaison avec Mme de Warens : « On dira que nous avons pourtant eu à la fin des relations d'une autre espèce ; j'en conviens ; mais il faut attendre, je ne puis tout dire à la fois » (L. III, p. 150). Le narrateur a quitté la solennité des premières pages pour s'adresser à nous comme à des amis.

Le style de Rousseau est fait de ruptures de ton qui nous font passer continuellement de la grandeur au burlesque, puis du portrait pittoresque à la conversation intime. C'est sous le signe du mélange de la grandeur et de la familiarité que l'auteur a placé son œuvre. Grandeur de l'entreprise présentée comme singulière et sacrée. Familiarité et intimité des liens que le narrateur veut établir avec nous.

14 L'art de raconter

L'intérêt que nous prenons aux *Confessions* tient en partie à l'adresse avec laquelle Rousseau sait nous faire vivre certaines scènes. Il parvient à les mettre en relief, en se servant d'une langue savoureuse et imagée.

LA DRAMATISATION

Vivre et faire vivre les scènes

Rousseau donne l'impression de revivre chacun des épisodes qu'il retrace. La plupart du temps, il utilise le présent de narration[1]. Le lecteur peut croire que la scène qu'il découvre est en train de se dérouler sous ses yeux. Il en va ainsi de la célèbre rencontre avec Mme de Warens : « Je cours pour la suivre : je la vois, je l'atteins, je lui parle [...] » (L. II, p. 83). Tout se passe dans un présent qui restitue la fraîcheur du souvenir. En outre, les scènes majeures du récit peuvent surgir à tout moment dans l'esprit du narrateur. La servante accusée par Jean-Jacques appartient au présent autant qu'au passé : « Ce souvenir cruel [...] me bouleverse au point de voir dans mes insomnies cette pauvre fille venir me reprocher mon crime, comme s'il n'était commis que d'hier » (*ibid.*, p. 126).

Ce type de présentation est saisissant quand Rousseau raconte un fait inattendu et frappant, qui produit un « coup de théâtre ». C'est le cas lorsque M. Basile arrive chez lui à l'improviste : « Il entre avec fracas, et de l'air de quelqu'un qui surprend son monde » (*ibid.*, p. 118). Le personnage semble faire irruption dans la pièce dans laquelle le narrateur, après bien des années, compose son ouvrage : « Je le vois comme s'il entrait actuellement, en habit d'écarlate à boutons d'or, couleur que j'ai prise en aversion depuis ce jour-là » (*ibid.*). De même, le narrateur feint d'être encore effrayé par le prêtre qui voulait lui apprendre le latin au

1. Voir chapitre 3, p. 39.

séminaire : « Je crois le rencontrer encore dans les corridors, avançant gracieusement son crasseux bonnet carré pour me faire signe d'entrer dans sa chambre » (L. III, p. 164). Le récit ne recense pas des épisodes anciens, fort éloignés dans le temps : il fait surgir sous nos yeux des personnages peints avec énergie.

Le sens de l'exagération

Rousseau n'hésite pas à recourir à l'exagération, qui ajoute tantôt au pathétique, tantôt à l'humour du récit. Le narrateur décrit ses sentiments ou ses malheurs d'enfant de manière excessive. Il nous dit que, le jour où on lui administra une correction, il fut « repris à plusieurs fois et mis dans l'état le plus affreux » (L. I, p. 49) ! Il se souvient qu'à l'âge de onze ans, il adressait à son amie, Mlle de Vulson « des lettres d'un pathétique à faire fendre les rochers » (*ibid.*, p. 61). L'image concrète rend pittoresque l'expression du sentiment. Celui-ci se traduit en effet d'une manière quelque peu caricaturale : « Je crois que si j'avais resté trop longtemps avec elle, dit-il à propos de Mlle Goton, je n'aurais pu vivre ; les palpitations m'auraient étouffé » (*ibid.*, p. 60).

LA MISE EN RELIEF DES ÉPISODES

Les épisodes évoqués sont toujours mis en relief, notamment par les annonces (qui ménagent un suspens dramatique) ou les bilans (qui montrent toute la portée d'une scène).

Transitions et annonces : l'importance de l'inattendu

Par le jeu des annonces, le narrateur souligne le caractère décousu de son expérience, féconde en rebondissements. Il montre comment les épisodes s'enchaînent les uns aux autres de manière contrastée : « déjà je me regardais comme infiniment au-dessus de mon ancien état d'apprenti ; j'étais bien loin de prévoir que dans peu j'allais être fort au-dessous » (L. II, p. 96).

L'humeur changeante de Jean-Jacques ajoute encore à l'incertitude du hasard, puisque le même événement éveille tour à tour sa crainte ou son enthousiasme : « Autant le moment où l'effroi me suggéra le projet de fuir m'avait paru triste, autant celui où je l'exécutai me parut charmant » (L. II, p. 79). Les enchaînements établissent un lien entre des épisodes comparables, mais ils mettent toujours en valeur leur singularité : « Sans quitter le sujet dont je viens de parler, on va en voir sortir une impression bien différente » (L. I, p. 48). L'annonce met en relief le tour inattendu que prennent les événements.

Les bilans : le signe du destin

Les bilans jouent dans un sens différent. S'ils mettent en valeur les scènes, c'est pour souligner la force d'une remarque ou l'importance d'un geste. Une phrase de Mme de Warens à Jean-Jacques pourrait sembler bien plate : « quand tu seras grand, tu te souviendras de moi » (L. II, p. 89). Le narrateur la met aussitôt en relief : « je crois qu'elle ne pensait pas elle-même que cette prédiction s'accomplirait si cruellement » (*ibid.*). La scène du ruban volé se clôt elle aussi de manière assez pauvre : « le comte de la Roque [...] se contenta de dire que la conscience du coupable vengerait assez l'innocent » (L. II, p. 126). Mais la phrase trouve toute sa portée par la manière dont Rousseau embrasse soudain sa vie du regard : « Sa prédiction n'a pas été vaine ; elle ne cesse pas un seul jour de s'accomplir » (*ibid.*). Les bilans qui concluent certaines scènes construisent sous nos yeux le destin de Jean-Jacques.

LA VIGUEUR DE LA LANGUE

Rousseau donne de la vigueur à son récit en utilisant une langue populaire et imagée.

L'argot est bien représenté dans les quatre premiers Livres des *Confessions*. Le terme de « grapignan » désigne les procureurs, et celui de « pénard » (L. IV, p. 214) qualifie un homme âgé. Il est appliqué à M. Godard, que Rousseau veut « draper » (*ibid.*), c'est-à-dire dont il veut se moquer. Tous ces termes sont tirés de la langue familière. C'est à un registre plus grossier qu'appartiennent les termes de « salope » (L. II, p. 97), « salopière » (L. IV, p. 181), et « coïon » (= couillon, L. III, p. 131). Rousseau, expert en « beau langage », sait aussi faire preuve d'une familiarité expressive.

La langue des *Confessions* est souvent imagée. Le narrateur dit que M. Le Maître « prenait souvent la mouche sur rien » (L. III, p. 174). Il compare M. Corvezi « au chien du jardinier[1] » (*ibid.*, p. 166). Il évoque en ces termes la petite épée offerte à Jean-Jacques par son cousin : « le besoin m'en fit défaire, et [...] je me la passai, comme on dit, au travers du corps » (L. I, p. 77). L'expression s'emploie quand on veut dire qu'un soldat a vendu son épée pour avoir de quoi boire ou manger. Rousseau use ici d'une langue populaire, ce qu'il signale lui-même par l'expression « comme on dit ».

Il crée au besoin certains mots, fabriquant ce qu'on nomme des « néologismes » (c'est-à-dire des mots qui n'existent pas et qu'on emploie pour la première fois). Pour dire « se taire, s'arrêter de parler », il forge le terme « déparler » : « tant que nous fûmes ensemble, nous ne *déparlâmes* pas un moment » (L. IV, p. 185). Les souvenirs marquants, ceux dont on se souvient clairement, deviennent sous sa plume des « souvenirs bien *rappelants* » (*ibid.*, p. 205). Et quand Jean-Jacques se laisse gagner par l'influence de son ami Venture, il écrit : « je m'étais pour ainsi dire *venturisé* » (*ibid.*, p. 198). Ces libertés prises avec la langue donnent à la narration une liberté et une fraîcheur savoureuses. Le jeu avec les mots ajoute au plaisir du lecteur.

Il s'agit apparemment d'un plaisir partagé car le narrateur signale à plusieurs reprises la joie qu'il éprouve à raconter. Il s'attarde sur ses souvenirs d'enfance « pour prolonger [s]on plaisir » (L. I, p. 52). Il s'étend sur certains épisodes, comme un marcheur prolonge sa promenade par des détours infinis : « Je suis, en racontant mes voyages, comme j'étais en les faisant ; je ne saurais arriver » (L. IV, p. 227). Si Rousseau possède l'art de raconter, c'est qu'il compose son récit avec bonheur.

---

1. Rousseau se réfère à un proverbe : « Le chien du jardinier ne veut pas de sa pâtée et grogne si les bœufs la mangent » (L. III, p. 166). La comparaison s'explique par le fait que M. Corvezi se montre jaloux, alors qu'il ne s'entend pas avec sa femme. Le rapprochement de M. Corvezi avec le chien du jardinier – et de sa femme avec la pâtée du chien ! – est amusante et familière.

15 La modernité des *Confessions*

Nous avons déjà remarqué que Rousseau était en avance sur son temps. Son tempérament passionné et son goût pour les beautés de la nature préparent le romantisme[1]. L'attention qu'il porte à la sexualité de l'enfant annonce les observations de Freud[2]. Mais la modernité des *Confessions* ne se résume pas à ces quelques traits. Elle tient à l'originalité du projet de Rousseau, à la spontanéité du personnage de Jean-Jacques, au rôle actif que le narrateur confie à son lecteur.

UN PROJET AUDACIEUX

En écrivant *Les Confessions*, Rousseau entreprend un projet audacieux. Il se détourne des usages littéraires du XVIIIe siècle, et se rapproche étrangement de nous.

La première autobiographie moderne

L'autobiographie est un genre littéraire moderne. Rousseau avait d'abord envisagé de retracer l'histoire de sa vie, comme on le faisait couramment dans les Mémoires du XVIIIe siècle, en insistant sur son expérience du monde. Ses premiers manuscrits conservent la trace de ce projet. Rousseau écrivait alors : « Sans avoir aucun état moi-même, j'ai connu tous les états ; j'ai vécu dans tous depuis les plus bas jusqu'aux plus élevés, excepté le trône[3] ». Il envisageait probablement de mettre l'accent sur cette connaissance de la société.

---

1. Voir p. 49.
2. Voir p. 59-60.
3. Rousseau, « Ébauches des *Confessions* », *Œuvres complètes*. Gallimard, « Bibliothèque de la Pléiade », t. I, p. 1150.

Mais Rousseau renonce ensuite à cet aspect et choisit de centrer l'œuvre sur sa personnalité plutôt que sur sa connaissance du monde. Il se peindra comme un être ordinaire, qui travaille pour gagner son pain. Ce projet risquait fort de déplaire au public de son temps, et Rousseau le savait : « Il y a bien des lecteurs que cette seule idée empêchera de poursuivre. Ils ne concevront pas qu'un homme qui a besoin de pain soit digne qu'on le connaisse[1] ».

Cette manière de se présenter est justement ce qui nous touche aujourd'hui. Jean-Jacques fait preuve d'une simplicité dont nous lui sommes reconnaissants. En outre, nous ne considérons pas *Les Confessions* comme une peinture de la société de l'Ancien Régime. Il s'agit pour nous d'une réflexion toujours très actuelle sur des sentiments que nous éprouvons nous-mêmes : l'amour et l'amitié, le regret du passé, l'attendrissement à l'égard de l'enfance.

Le rejet des Lumières

Les préoccupations de Rousseau s'opposent à celles de son époque. Le XVIIIe siècle est le « siècle des Lumières » : l'esprit et la raison triomphent. Les écrivains entreprennent d'« éclairer » leurs lecteurs en dévoilant les progrès de la philosophie et des sciences. Ils voudraient que les « clartés » de l'intelligence règnent désormais sur l'univers. Montesquieu réfléchit sur les lois et sur l'État. Voltaire se moque des préjugés et des superstitions : il ironise sur l'autorité de la noblesse et le prestige de l'Église. D'Alembert et Diderot réunissent dans l'*Encyclopédie* la somme de toutes les connaissances dont on dispose à l'époque. Dans ses *Confessions*, Rousseau suit une démarche bien différente. Il choisit la sensibilité contre la raison, la sincérité contre l'ironie, l'individu contre la société. Dédaignant la rigueur des sciences exactes, il s'aventure dans le « labyrinthe obscur » (L. I, p. 48) de l'analyse psychologique. Il tourne ainsi le dos aux débats littéraires du XVIIIe siècle.

Par ce biais, Rousseau nous tend la main, à nous qui sommes habitués à la publication des « écrits intimes ». Autobiographies, correspondances et livres de souvenirs divers sont nombreux

1. Rousseau, « Mon portrait », *Œuvres complètes, op. cit.*, p. 1120.

aujourd'hui. La vie privée nous semble devenue le principal sujet de la littérature. Le projet de Rousseau peut à ce titre nous paraître moderne.

LE PERSONNAGE DE JEAN-JACQUES

Le personnage de Jean-Jacques semble appartenir à la littérature contemporaine.

Un héros désinvolte

Jean-Jacques ne se présente pas à nous comme un homme soumis aux principes et aux usages de son temps. Il est au contraire ignorant du bon ton[1] et réagit toujours avec une spontanéité qui nous est familière. Il ne ressemble pas à « l'honnête homme » du XVIIe siècle, humain et cultivé. Ce n'est pas non plus un homme du siècle des Lumières, raisonnable et spirituel. Il s'apparente plutôt à un héros romantique, solitaire et sentimental.

Mais, plus proche de nous encore, Jean-Jacques est un voyageur insouciant dont nous comprenons la fantaisie et le désir d'indépendance. Il choisit la liberté et suit les élans de son cœur, voulant vivre « sans gêne, sans devoir, sans contrainte » (L. III, p. 142). Il sacrifie sa réussite dans le monde au plaisir d'une expédition avec son ami Bâcle à travers la montagne. Les « projets d'ambition d'une exécution lente, difficile, incertaine » ne valent pas à ses yeux « un quart d'heure de vrai plaisir et de liberté dans la jeunesse » (*ibid.*). Cette désinvolture et cet anticonformisme sont des valeurs du XXe siècle.

Un être complexe

Jean-Jacques avoue par ailleurs que son comportement est difficile à saisir, ou mérite du moins d'être expliqué. Son caractère « flottant toujours entre la faiblesse et le courage, entre la mollesse et la vertu, [le met] jusqu'au bout en contradiction avec

1. Il dit à ce sujet : « Plus j'ai vu le monde, moins j'ai pu me faire à son ton » (L. I, p. 64).

[lui]-même » (L. I, p. 41). Le lecteur moderne apprécie ce personnage aux facettes multiples. Bien des auteurs du XXe siècle – Marcel Proust, par exemple – ont mis en évidence la difficulté de comprendre le moi. Les « bizarreries » (L. II, p. 88) de Jean-Jacques, ses « folies » (L. IV, p. 229) et ses « extravagances » (*ibid.*, p. 198) ne nous paraissent pas aberrantes. Au contraire, elles nous intéressent. De nombreux romans modernes décrivent un être dont les réactions nous paraissent d'abord déroutantes et dont nous découvrons bientôt qu'il nous ressemble. C'est le cas – pour ne prendre que trois exemples parmi de nombreux autres – de *Thérèse Desqueyroux* de François Mauriac (1927), de *L'Étranger* d'Albert Camus (1942), du *Ravissement de Lol V. Stein* de Marguerite Duras (1964). Par son caractère fantasque, Jean-Jacques appartient à la littérature de notre temps.

La description de Jean-Jacques

Jean-Jacques est d'ailleurs présenté dans le texte comme le sont les personnages des romans modernes. Nous connaissons son enfance (le thème de l'enfance apparaît assez tard dans la littérature[1]). Nous sommes avertis de certains aspects de sa sexualité (domaine rarement abordé dans les ouvrages sérieux avant la fin du XIXe siècle). Nous savons quels furent ses fautes morales et ses échecs sentimentaux ou sociaux. Rousseau n'a pas peint un héros, dont il faudrait admirer le courage, les hauts faits, les conquêtes amoureuses. Il a essayé de saisir ce mélange de grandeur et de petitesse qui constitue à nos yeux l'être humain.

Le narrateur insiste même sur les « niaiseries » (L. I, p. 62) de son enfance ou les « détails [...] bien puérils » (L. IV, p. 229) de sa jeunesse. L'évocation des menus faits de la vie courante semble à Rousseau aussi intéressante que celle des grands événements. Cette idée est caractéristique du roman moderne. Auteur contemporain, Maurice Blanchot admire Rousseau d'avoir dit « l'ignoble, le bas, le pervers, mais aussi l'insignifiant,

---

1. Les premières œuvres centrées sur le thème de l'enfance apparaissent à la fin du XIXe siècle (*L'Enfant* de Jules Vallès, 1879 ; *Poil de carotte* de Jules Renard, 1894). Leurs héros sont des enfants malheureux. Les premiers auteurs à parler de l'enfance avec nostalgie sont Alain-Fournier (*Le Grand Meaulnes*, 1913), Marcel Proust (*Du côté de chez Swann*, 1913), Valery Larbaud (*Enfantines*, 1918).

l'incertain, le nul[1] ». L'auteur des *Confessions* rompt ainsi avec les règles du discours classique (qui recommande de rechercher les sujets nobles et édifiants). Il se décrit comme le ferait un écrivain d'aujourd'hui.

LE RÔLE DU LECTEUR

La composition des *Confessions* elle aussi est nouvelle, notamment par le rôle que le narrateur nous y fait jouer. Il se garde en effet de nous délivrer une vérité. Il nous demande de la trouver nous-mêmes à partir des souvenirs qu'il retrace. Le lecteur, parallèlement au narrateur, doit mener son enquête : « C'est à lui d'assembler ces éléments et de déterminer l'être qu'ils composent » (L. IV, p. 230). En nous donnant un rôle actif, Rousseau se comporte en auteur moderne, qui offre son œuvre au public sans chercher à guider sa réaction[2]. Il attend du lecteur les interprétations et les jugements les plus divers.

Le thème de l'ouverture, de l'hypothèse et de l'ébauche apparaît sous une autre forme. À la manière des romanciers modernes, Rousseau suggère, à côté de sa vie réelle, un certain nombre de vies possibles qu'il nous laisse le soin d'imaginer plus complètement. Il regrette l'existence qu'il aurait eue s'il était tombé entre les mains d'un meilleur maître : « J'aurais été bon chrétien, bon citoyen, bon père de famille » (L. I, p. 78). Plus tard, il imagine ce qu'il serait devenu s'il était resté auprès de Merceret : « J'aurais perdu sans doute de grands plaisirs, mais j'aurais vécu en paix jusqu'à ma dernière heure » (L. IV, p. 196). Ailleurs, il se plaint de sa timidité et rêve de manière vague d'une vie plus heureuse : « La mienne eût été cent fois plus charmante si j'avais été moins

---

1. Maurice Blanchot, *Le Livre à venir*, Gallimard, 1959, « Folio Essais », p. 65.
2. De nombreux auteurs du XXe siècle ont insisté sur cet aspect. André Gide écrit : « Avant d'expliquer aux autres mon œuvre, j'attends que d'autres me l'expliquent [...]. Un livre est toujours une collaboration » (*Paludes*, in A. Gide, *Romans*, Gallimard, « Bibliothèque de la Pléiade », 1958, p. 89). Alain Robbe-Grillet insiste à son tour sur le rôle que le lecteur doit jouer dans un livre : « Loin de le négliger, l'auteur d'aujourd'hui proclame l'absolu besoin qu'il a de son concours, un concours actif, conscient, *créateur* » (*Pour un nouveau roman*, éd. de Minuit, 1954, p. 134).

bête » (L IV, p. 182). Les occasions manquées sont chez Rousseau une source de nostalgie inépuisable, qui enrichissent le récit de prolongements imaginaires. Ce jeu sur les suggestions, les hypothèses, le possible, rapproche encore Rousseau des auteurs du XXe siècle qui aiment laisser libre cours à l'imagination de leurs lecteurs.

Rousseau nous promettait à la première page des *Confessions* que son œuvre « n'aura[it] point d'imitateur » (L. I, p. 33). Il ne pouvait prévoir que celle-ci allait avoir une influence considérable sur la littérature, et qu'elle poserait les bases d'une certaine modernité.

15 lectures méthodiques

« La lecture méthodique, précisent les *Instructions officielles*, est une explication de texte consciente de ses démarches et de ses choix. »

Il s'agit concrètement, à l'oral, de dégager deux ou trois aspects majeurs du texte, puis de les analyser méthodiquement.

Les « centres d'intérêt » ainsi choisis, qu'on appelle aussi « axes de lecture », peuvent alors être étudiés l'un après l'autre, par balayages successifs, pour mettre en valeur leur spécificité et leur cohérence.

À l'intérieur d'un axe de lecture donné, on peut aussi procéder de façon synthétique, sans nécessairement suivre l'ordre du texte, en regroupant les divers traits caractéristiques de l'aspect étudié.

Il arrive qu'un passage, assez court, ne présente vraiment qu'un seul centre d'intérêt dominant : pour éviter des dissociations artificielles, la lecture méthodique peut alors être conduite linéairement, au fil du texte. Il faut, bien sûr, justifier ce choix.

Précisons enfin qu'il n'est écrit nulle part qu'il faille proposer « trois » axes de lecture pour chaque texte. L'expérience montre qu'il est déjà bien difficile, en dix minutes d'oral, de mener à bien l'analyse de deux axes de lecture.

Lecture méthodique 1

Intus et in cute[1]

Je forme une entreprise qui n'eut jamais d'exemple, et dont l'exécution n'aura point d'imitateur. Je veux montrer à mes semblables un homme dans toute la vérité de la nature ; et cet homme, ce sera moi.

Moi seul. Je sens mon cœur et je connais les hommes. Je ne suis fait comme aucun de ceux que j'ai vus ; j'ose croire n'être fait comme aucun de ceux qui existent. Si je ne vaux pas mieux, au moins je suis autre. Si la nature a bien ou mal fait de briser le moule dans lequel elle m'a jeté, c'est ce dont on ne peut juger qu'après m'avoir lu.

Que la trompette du Jugement dernier sonne quand elle voudra, je viendrai, ce livre à la main, me présenter devant le souverain juge. Je dirai hautement : « Voilà ce que j'ai fait, ce que j'ai pensé, ce que je fus. J'ai dit le bien et le mal avec la même franchise. Je n'ai rien tu de mauvais, rien ajouté de bon, et s'il m'est arrivé d'employer quelque ornement indifférent, ce n'a jamais été que pour remplir un vide occasionné par mon défaut de mémoire ; j'ai pu supposer vrai ce que je savais avoir pu l'être, jamais ce que je savais être faux. Je me suis montré tel que je fus ; méprisable et vil quand je l'ai été, bon, généreux, sublime, quand je l'ai été : j'ai dévoilé mon intérieur tel que tu l'as vu toi-même. Être éternel, rassemble autour de moi l'innombrable foule de mes semblables ; qu'ils écoutent mes confessions, qu'ils gémissent de mes indignités, qu'ils rougissent de mes misères. Que chacun d'eux découvre à son tour son cœur aux pieds de ton trône avec la même sincérité ; et puis qu'un seul te dise, s'il l'ose : « *Je fus meilleur que cet homme-là.* »

Les Confessions, Livre I, p. 33-34.

---

1. Citation du poète latin Perse, qui signifie : « Intérieurement et sous la peau ».

INTRODUCTION

Situation du passage

Ce texte constitue le début des *Confessions* : il précède immédiatement, dans le Livre I, le récit de la vie de Rousseau. Dans cette première page célèbre, qu'on nomme traditionnellement le « préambule », l'auteur présente logiquement son projet et ses intentions, pour éclairer le lecteur, mais aussi pour l'entraîner et le convaincre du bien-fondé de son entreprise.

Il faut cependant rappeler ici que ce préambule a été écrit par Rousseau *après* la rédaction des premiers Livres, à une époque de grande agitation où il était en proie à la hantise d'un « complot » tramé contre sa personne, et obsédé par le besoin de se justifier. Cela explique le ton étonnant de ce préambule, qui contraste avec le récit calme et posé qui lui fait suite.

Axes de lecture

Le lecteur qui ne connaît encore de ce livre que le titre – *Les Confessions* –, s'attend à ce que l'auteur lui annonce le récit de sa vie et de ses fautes, non sans évoquer la difficulté de l'entreprise. Un premier axe de lecture, qui s'impose, va donc consister à examiner la nature du projet autobiographique de Rousseau et les problèmes que pose sa façon de le concevoir.

Mais le contenu et le ton du texte, à peine l'a-t-on lu, frappent par la vigueur et leur caractère dramatique, qui vont jusqu'à la provocation dans le dernier paragraphe. Le second axe de lecture que nous proposons consistera donc à examiner comment la volonté de se « confesser » publiquement conduit l'auteur à lancer un véritable défi au genre humain tout entier.

1. LE PROJET AUTOBIOGRAPHIQUE

L'omniprésence et les ambiguïtés du moi

L'« entreprise » que forme Rousseau se présente comme la restitution de la personnalité de l'auteur, purement et simplement, sans qu'il y ait le moindre doute de sa part sur la transparence de soi à soi-même : « je sens mon cœur » dit-il, cela suffit. Rousseau se donne même le regard de Dieu sur lui-même : « j'ai dévoilé mon intérieur tel que tu l'as vu toi-même » (l. 21). C'est donc « je » qui parle et qui se montre : le pronom personnel est utilisé à 24 reprises sous la forme sujet, à 8 reprises sous la forme objet (« me », « moi »), sans parler des nombreux possessifs (« mon », « mes »), et ceci en une trentaine de lignes.

L'égocentrisme de Rousseau est évident (« et cet homme, ce sera moi. Moi seul. », l. 4-5). Mais il faut noter que son projet est en même temps une sorte de projet didactique, destiné à édifier ou à instruire les hommes : Rousseau entend montrer à ses « semblables » un homme « dans toute la vérité de la nature ». C'est-à-dire un homme que la vie sociale n'a pas dégradé, qui a gardé la pureté originelle de « la nature ». Dès ces premières lignes apparaissent les contradictions de son projet : il se présente comme un homme exemplaire, aux yeux de ses « semblables » et il se dit aussitôt « autre », différent, « fait comme aucun de ceux qui existent » (l. 6). Est-ce à dire que les autres hommes (et notamment ses lecteurs) auraient dû eux aussi, pour demeurer ses « semblables », rester conformes à « la vérité de la nature » ?

L'autre ambiguïté du « moi » de Rousseau tient dans l'alternance et dans la confusion permanente qui existe, dans le texte, entre le *moi du narrateur* (« *Je* forme une entreprise / c'est ce dont on ne peut juger qu'après *m'*avoir lu / *J'*ai dit le bien et le mal, etc. »), et le *moi de la personne.* Or il faut faire une distinction entre le moi de l'écrivain Rousseau qui écrit ses *Confessions* vers la fin de sa vie, et le moi intemporel de l'homme Jean-Jacques. Bien entendu, il s'agit du même être mais, dans le déroulement de son texte, et plus généralement dans le récit des *Confessions*, l'auteur, l'artiste, l'écrivain ne va pas cesser de défendre par son talent, par sa technique du discours, l'homme qui vient se confesser à nous, devant nous, et même aux yeux de Dieu (« je viendrai, ce livre à la main [...] », l. 12). La question est alors de savoir si l'adulte-narrateur, maître en rhétorique, ne va pas reconstituer ou même inventer le moi biographique, ne serait-ce que pour lui donner une unité, une cohérence. Mais Rousseau affirme sa transparence comme un postulat.

L'engagement de sincérité et le problème de l'innocence

Pour Rousseau, le livre est donc nécessairement transparent à la personne. Il suffira de lire l'un pour connaître l'autre : juger le livre, c'est juger l'homme. D'où la mise en scène du dernier paragraphe : pour Rousseau, présenter le livre devant le souverain juge suffira à faire la lumière sur ce qu'il est.

Le projet autobiographique n'obéit donc pas à une « recherche du temps perdu » ou à un effort de connaissance de soi (Rousseau se connaît en « sentant son cœur »), mais avant tout à la volonté de faire reconnaître par la société son être véritable, son être intérieur (cf. l'épigraphe « *Intus, et in cute* »). Son travail d'écrivain va seulement consister à dévoiler avec franchise la totalité de son moi : dès lors apparaîtront forcément sa bonté foncière, son innocence d'homme selon la nature. Il lui suffira de dire « hautement » : « Voilà » (ce que j'ai fait, ce que j'ai pensé, ce que je fus, etc.).

Bien entendu, il craint que le lecteur ne le juge trop vite et ne le condamne hâtivement : d'où l'insistance pour qu'on le lise entièrement et qu'on suspende son jugement tant qu'on n'aura pas examiné la totalité du livre (« [...] on ne peut juger qu'après m'avoir lu », l. 10), en tenant compte de tous les aspects de l'homme (les actes, les pensées, le bien et le mal, le vrai ou ce qui a pu l'être, les comportements méprisables mais aussi ceux qui ont été sublimes, le tout venant déboucher sur l'être même, l'identité foncière, le « ce que je fus »).

Rousseau ne s'interroge pas sur les rapports qui peuvent exister entre sincérité et vérité (on peut être sincère et tromper tout le monde, à commencer par soi). Pour lui, l'engagement solennel de sincérité (aux yeux du lecteur, devant le tribunal céleste) doit suffire : l'aveu même de la faute est une façon de s'innocenter ; en effet, sous cette faute qui tient à un comportement extérieur, il y a la vérité d'un être dont la nature est authentique et fondamentalement innocente.

Dès lors, il lui suffit de mettre Dieu en scène, de convoquer le « souverain juge » pour témoigner de sa sincérité : on ne ment pas devant Dieu. C'est là, il faut le dire, non l'expression d'une attitude religieuse, mais bien un artifice rhétorique. Le « pécheur » Rousseau est sûr de lui, sans remords, et il ne songe qu'à impressionner le lecteur, qui est ici le vrai juge. Mais convoquer Dieu lui a permis de donner un ton absolu à sa franchise, de faire croire à son innocence en dramatisant l'acte de sincérité : mon livre est « vrai » donc on ne peut rien me reprocher ! L'authenticité de l'auteur est supposée prouver la bonté de l'homme. Être « vrai », c'est être « juste ».

Bien sûr, en un détour de phrase, sans doute pour montrer sa lucidité, Rousseau aborde la difficulté d'être totalement « vrai » : il avoue avoir ajouté à son récit, ici ou là, « quelque ornement indifférent » (l. 16-17). Mais précisément, un ornement peut-il être « indifférent » ? Orner, n'est-ce pas embellir… et donner de soi plus ou moins consciemment le visage d'un homme auquel nul ne puisse se comparer ?

2. UN DÉFI AU GENRE HUMAIN

Chaque étape de ce texte présente un degré supplémentaire dans le grand défi que lance l'auteur à ses semblables.

Le défi aux écrivains passés et à venir

Le projet de dire toute la vérité sur soi et d'être disculpé par ce simple aveu conduit Rousseau à prétendre qu'il forme « une entreprise qui n'eut jamais d'exemple, et dont l'exécution n'aura point d'imitateur » (l. 1-2). C'est son premier défi, lancé à tous les auteurs de Mémoires ou de Souvenirs ou de Confessions (comme saint Augustin et Montaigne, pour le passé ; comme Chateaubriand et bien d'autres, pour l'avenir) : la réalité montre que Rousseau se trompe totalement. Mais l'absolu de son emphase (« n'eut jamais », « n'aura point »), la symétrie des négations et des temps, les effets d'écho (« jamais d'exemple / point d'imitateur ») ; « montrer un homme / cet homme, ce sera moi / moi seul ») confèrent à son affirmation une force qui intimide, et dissuade de la contester.

Le défi à chaque être humain pris isolément

« [...] je connais les hommes [...] j'*ose* croire n'être fait comme aucun de ceux qui existent » (l. 5-6). Rousseau ose. Il affirme sa différence radicale, irréductible. Toujours à grand renfort de rhétorique, de parallélismes et d'antithèses, il se pose comme unique en face de tout autre. « Si je ne vaux pas mieux, au moins je suis autre » (l. 7-8). La netteté de l'architecture des phrases fait croire à l'évidence de la « réalité » qu'elles traduisent.

Cette extraordinaire affirmation de sa singularité porte en germe et légitime toute la littérature autobiographique des futurs écrivains de l'époque romantique. Ce n'est donc pas seulement l'œuvre des *Confessions*, qui est unique, mais son auteur lui-même : et plus exactement, c'est parce que le personnage lui-même que racontent les *Confessions* est unique que l'œuvre est unique. La valeur même de l'individu est dans sa singularité : s'il ne vaut « pas mieux », au moins il est « autre ». La « différence » de l'individu, par elle-même, vaut justification de sa vie : personne ne pourra prétendre être « meilleur »

Le défi à l'espèce humaine tout entière

Le troisième paragraphe pousse le défi jusqu'à la provocation. Dans une dramatisation surprenante, Rousseau convoque Dieu et lui ordonne de rassembler les hommes. Il pourrait dire : « Être éternel, rassemble *autour de Toi* (l'innombrable foule de mes semblables) » ; mais il dit : « rassemble *autour de moi* » ! Ainsi, c'est lui, Jean-Jacques, qui se fait le centre du monde. Et il organise une sorte de procès triomphal où, d'accusé, il va devenir accusateur !

Arrêtons-nous sur la mise en scène de ce triomphal procès. Pour commencer, le narrateur Rousseau ouvre les guillemets, utilise le style direct, et devient quasiment l'avocat de son « moi », c'est-à-dire du client Jean-Jacques, qu'il défend « hautement ».

Son plaidoyer se donne aussitôt le ton de l'objectivité : il dit le bien comme le mal. Mais déjà le parallèle entre bonnes et mauvaises actions est déséquilibré : on a deux adjectifs pour les conduites répréhensibles (« méprisable et vil » l. 20), mais trois adjectifs qui se suivent selon une gradation étudiée, pour qualifier les conduites positives : « bon, généreux, sublime » (l. 21)...

C'est alors qu'intervient le retournement de la situation, avec la convocation, autour de « l'accusé », de « l'innombrable foule » de ses « semblables ». Ce sont eux qui vont devoir se sentir honteux devant les confessions de Jean-Jacques : « qu'ils écoutent [...], qu'ils gémissent [...], qu'ils rougissent » (l. 23-25). Ces trois subjonctifs impérieux dictent aux hommes leur attitude : certes, ils doivent « gémir » et « rougir » par pitié devant les misères bien humaines de Rousseau ; mais surtout, ils doivent retrouver en lui l'image de leurs propres indignités. Le portrait que leur présente Rousseau est un miroir où chacun doit se reconnaître. Ainsi, la honte change de camp. Si ses semblables doivent rougir de ses misères, c'est peut-être qu'ils en sont un peu responsables, mais surtout que l'ensemble des hommes est coupable au même titre que lui. La preuve ? Eh bien, continue Rousseau, que chacun se découvre à son tour, et on verra bien... Il y a effectivement une certaine logique dans cette provocation finale. Rousseau, se sentant d'avance gagnant sur le plan de la sincérité (« Que chacun d'eux découvre à son tour son cœur [...] avec la même sincérité » l. 25-27), est convaincu de l'être aussi sur le plan de la valeur, puisqu'il a tout misé sur la transparence.

La formule finale : « qu'un seul te dise, *s'il l'ose* : je fus meilleur que cet homme-là », parfaitement théâtrale, porte le défi à son point culminant. Elle est évidemment d'un orgueil manifeste : j'accepte quelques ex aequo, semble-t-il dire, mais je suis le premier ! Rousseau reprendra l'idée au Livre X des *Confessions* : « Moi qui me suis cru toujours et qui me crois encore, à tout prendre, le meilleur des hommes. » « À tout prendre », dit-il... L'idée est donc aussi : personne n'est exempt de faiblesse humaine, et finalement, je ne suis pas pire que les autres, ce qui est moins prétentieux. C'est que cette mise en scène s'inspire aussi de l'épisode de la femme adultère, dans l'Évangile : Jésus dit en effet aux accusateurs : « Que celui d'entre vous qui n'a jamais péché lui jette la première pierre », et tous s'en vont l'un après l'autre, n'osant plus la condamner (Jean, VIII). En démarquant cet épisode, que ses lecteurs ont évidemment à l'esprit, Rousseau sait bien qu'une des façons de convaincre, c'est de réduire au silence ses adversaires...

CONCLUSION

Un tel début, pour un livre intitulé *Les Confessions*, a naturellement un caractère surprenant, extraordinaire, voire pathologique. Il n'en demeure pas moins que Jean-Jacques Rousseau manifeste ici à la fois son grand art, toute la complexité de sa personne et l'originalité d'un projet autobiographique qui aura... beaucoup d'imitateurs[1].

---

1. Le choix de deux axes de lecture limite forcément le commentaire de ce texte, qui a bien d'autres aspects. À noter qu'une lecture méthodique linéaire peut en être faite. Voir par exemple l'ouvrage *25 modèles de lecture méthodique*, Marabout, pp. 360-376.

Lecture méthodique 2

Cette récidive, que j'éloignais sans la craindre, arriva sans qu'il y eût de ma faute, c'est-à-dire de ma volonté, et j'en profitai, je puis dire, en sûreté de conscience. Mais cette seconde fois fut aussi la dernière, car Mlle Lambercier, s'étant sans doute aperçue à quelque signe que ce châtiment n'allait pas à son but, déclara qu'elle y renonçait et qu'il la fatiguait trop. Nous avions jusque-là couché dans sa chambre, et même en hiver quelquefois dans son lit. Deux jours après on nous fit coucher dans une autre chambre, et j'eus désormais l'honneur, dont je me serais bien passé, d'être traité par elle en grand garçon.

Qui croirait que ce châtiment d'enfant, reçu à huit ans par la main d'une fille de trente, a décidé de mes goûts, de mes désirs, de mes passions, de moi pour le reste de ma vie, et cela précisément dans le sens contraire à ce qui devait s'ensuivre naturellement ? En même temps que mes sens furent allumés, mes désirs prirent si bien le change que, bornés à ce que j'avais éprouvé, ils ne s'avisèrent point de chercher autre chose. Avec un sang brûlant de sensualité presque dès ma naissance, je me conservai pur de toute souillure jusqu'à l'âge où les tempéraments les plus froids et les plus tardifs se développent. Tourmenté longtemps sans savoir de quoi, je dévorais d'un œil ardent les belles personnes ; mon imagination me les rappelait sans cesse, uniquement pour les mettre en œuvre à ma mode, et en faire autant de demoiselles Lambercier.

Les Confessions, Livre I, p. 45-46.

INTRODUCTION

Situation du passage

De 1722 à 1724 Jean-Jacques est mis en pension à Bossey, petit village près de Genève, chez le pasteur Lambercier.

Commence alors une période de bonheur auprès de M. Lambercier et de sa sœur. L'enfant mène une vie simple en pleine nature, « ouvrant [son] cœur à l'amitié » et à des « sentiments tendres, affectueux, paisibles » qui modèlent définitivement son caractère. Mais ce bel ordre est brisé par deux fessées méritées données par Mlle Lambercier. Curieusement, la première fessée est pour l'enfant « moins terrible à l'épreuve que l'attente ne l'avait été » ; elle augmente même l'affection qu'avait Jean-Jacques pour la sœur du pasteur. Il trouve « dans la douleur, dans la honte même, un mélange de sensualité ». Cette réaction contradictoire de Jean-Jacques fait qu'il essaie d'éviter une deuxième fessée (« la récidive ») sans toutefois la craindre. Pourtant le châtiment se renouvelle et Rousseau, dans ce passage, nous en montre les conséquences.

Axes de lecture

Nous découvrons dans cet épisode combien « la punition des enfants », administrée une seconde fois à Jean-Jacques, l'a profondément marqué pour toute sa vie. Nous y retrouvons par ailleurs la démarche habituelle de Rousseau, qui passe de l'anecdote à l'analyse du moi profond, de l'aveu au plaidoyer.

1. UNE ÉTAPE DÉTERMINANTE DANS LE DESTIN DE ROUSSEAU

En dépit des réactions prévisibles des lecteurs de l'époque, Rousseau n'hésite pas à dévoiler une expérience très intime qui révèle une sensualité ardente. Partant de là, il se livre à une analyse d'une étonnante lucidité quant à l'importance, pour l'avenir, d'un épisode qui pourrait paraître anodin.

Une ardente sensualité

En toute « transparence » et avec une franchise jusqu'alors inconnue, Rousseau narre l'histoire de la seconde fessée. Cependant, n'attendons pas de lui un réalisme que le bon goût de l'époque n'aurait pas permis ! Les effets de la fessée sont simplement suggérés dans la deuxième phrase : « Mlle

Lambercier [s'aperçoit] à *quelque signe* que ce châtiment ne [va] pas à son but ». Quel est ce signe ? L'euphémisme utilisé et la distance humoristique laissent deviner au lecteur un état d'excitation sexuelle.

Partant de cet aveu, l'auteur analyse avec beaucoup de clairvoyance dans la seconde moitié du texte (l. 11-24) son ardente sensualité qui vient de s'éveiller. Un important réseau lexical évoquant les brûlures du désir se développe alors. Relevons l'utilisation des mots « sens » (l. 15), « désirs » (l. 16), « sang » (l. 18), « sensualité » (l. 18), « dévor[er] » (l. 21), et la métaphore du feu avec les trois termes : « allumés » (l. 15), « brûlant » (l. 18), et « ardent » (l. 22). Notons enfin deux caractéristiques psychologiques que nous retrouverons chaque fois que Rousseau fera la connaissance d'une femme séduisante :
– la sensualité s'exprime surtout par le regard (« je dévorais d'un œil ardent les belles personnes », l. 21-22) ;
– Jean-Jacques se livre avec délices aux délires de son « imagination » (l. 22), avec une prodigieuse vivacité des sens : c'est ce que suggèrent les allitérations[1] en [s] des lignes 18 et 19.

Une expérience décisive

Par ailleurs, et selon une méthode qu'il utilisera tout au long des *Confessions*, l'auteur met en regard deux temps. Il passe d'un récit d'enfance narré à l'imparfait et au passé simple (première partie du texte) aux conséquences déterminantes de cet épisode pour « le reste de [s]a vie » (l. 13). Aux temps de la narration (imparfait et passé simple) succède donc le temps de la réflexion (passé composé), qui permet à Rousseau d'observer le passé et, sur le ton de la confidence (l. 11 et suiv.), d'en évaluer les conséquences.

On observera que le passage au passé composé (l. 12) souligne un rapport de cause à effet irréversible. On notera également l'opposition entre l'expression « grand garçon » (l. 10) et le mot « enfant » (l. 11). Avec beaucoup de lucidité, Rousseau constate l'importance déterminante de cette fessée qui marque le difficile passage de l'enfance à l'âge adulte, une transformation dont « [il se] serai[t] bien passé » (l. 9-10) ! Il découvre par ailleurs l'hypocrisie du monde des adultes : Mlle Lambercier ment

1. *Allitération :* répétition d'un même son consonantique.

lorsqu'elle évoque sa fatigue (l. 6) et « on » fait coucher les enfants dans une autre chambre... « *deux* jours après » (l. 8-9) ! L'utilisation du pronom indéfini et le décalage temporel montrent bien que Rousseau – et peut-être à l'époque Jean-Jacques – ne sont pas dupes !

2. L'AVEU ET LE PLAIDOYER

En pénétrant ainsi dans le labyrinthe de sa personnalité, Rousseau découvre les conséquences décisives de cette fessée qui vont marquer aussi bien sa vie intime que sa relation aux autres. Par ailleurs, on peut s'interroger sur le rôle d'un tel texte, à la fois aveu et plaidoyer ambigu.

Une confession particulièrement perspicace

Rousseau constate en effet que cette fessée a transformé le cours *naturel* des événements (l. 14-15), précipitant sa dégradation. Ici comme ailleurs, il oppose donc la nature à la culture et dénonce implicitement certaines pratiques éducatives. Cette opposition est bien mise en évidence dans la phrase de la ligne 11 à 15 qui est le pivot du texte. L'auteur, par une série de quatre segments juxtaposés qui marquent une gradation, souligne la métamorphose totale de son être. Il montre qu'il a gardé de cet épisode un goût manifestement masochiste pour le châtiment.

Sevré de fessée, exclu du lit (cette seconde sanction ne figurait pas dans la première version des *Confessions*), Jean-Jacques ressent une frustration qui déterminera sans doute sa sexualité et ses rapports aux autres. Il l'affirme nettement dans la dernière phrase (l. 21-24), où apparaît l'obsession de l'abandon pouvant, dans une certaine mesure, expliquer ses difficiles relations ultérieures avec ses semblables. Mlle Lambercier joue ici le rôle d'une mère qui, à la fois, lui fait prendre conscience de l'interdit de l'inceste et découvrir un plaisir particulier dont il conservera la nostalgie durant toute sa vie. Plus généralement, on peut penser que cet épisode n'est pas étranger à la manie de la persécution qui se présente chez lui à la fois comme une douleur... et un besoin.

Le rôle ambigu de l'écriture de soi

Une lecture plus approfondie du texte fait donc apparaître l'ambiguïté du propos. En effet, Jean-Jacques découvre simultanément la sensualité et la conscience morale. Il avoue sa faute – mais sur le mode de la dénégation : « sans qu'il y eût de ma faute » (l. 1-2). Il en « profit[e] » – quel aveu (l. 2-3) ! – mais en « sûreté de conscience » (l. 3).

Autre ambiguïté du texte : Rousseau se fait comme toujours le laudateur de l'innocence, de la nature, de la transparence – mais découvre en lui des éléments opaques, inclassables, comme les pulsions sexuelles et l'imagination, cette faculté de l'artifice. Cherchant manifestement à se justifier, il est amené, en voulant « tout dire », à mettre en évidence les contradictions qui sont en lui et dont cette page porte témoignage. C'est ce qui explique, peut-être, la présence de l'humour dans le texte. Il apparaît bien, par exemple, à la ligne 9, avec l'utilisation du mot « honneur ». On pourrait interpréter cet humour comme une façon de prendre ses distances avec un événement qui l'intrigue et, dans le même temps, comme une manière de rechercher la complicité amusée avec le lecteur, ce qui exorcise la gêne.

CONCLUSION

Le succès ultérieur de cette page désormais célèbre vient sans doute de l'originalité de la démarche de Rousseau. Il tente, par tâtonnements successifs, de remonter aux origines de l'être, montrant ainsi avant Freud la voie du déchiffrement psychanalytique. Sans détours, il souligne l'importance d'un tel événement dans la vie d'un jeune adolescent. N'oublions pas qu'il a en réalité onze ans au moment de la fessée, erreur sans doute involontaire, mais lourde de sens ! Il nous donne donc ici une « pièce de comparaison pour l'étude des hommes, qui certainement est encore à commencer ». Rousseau avait pressenti la découverte d'une nouvelle science humaine !

Lecture méthodique 3

Qu'on se figure un caractère timide et docile dans la vie ordinaire, mais ardent, fier, indomptable dans les passions, un enfant toujours gouverné par la voix de la raison, toujours traité avec douceur, équité, complaisance, qui n'avait pas même l'idée de l'injustice, et qui, pour la première fois, en éprouve une si terrible de la part précisément des gens qu'il chérit et qu'il respecte le plus : quel renversement d'idées ! quel désordre de sentiments ! quel bouleversement dans son cœur, dans sa cervelle, dans tout son petit être intelligent et moral ! Je dis qu'on s'imagine tout cela, s'il est possible, car pour moi, je ne me sens pas capable de démêler, de suivre la moindre trace de ce qui se passait alors en moi.

Je n'avais pas encore assez de raison pour sentir combien les apparences me condamnaient, et pour me mettre à la place des autres. Je me tenais à la mienne, et tout ce que je sentais, c'était la rigueur d'un châtiment effroyable pour un crime que je n'avais pas commis. La douleur du corps, quoique vive, m'était peu sensible ; je ne sentais que l'indignation, la rage, le désespoir. Mon cousin, dans un cas à peu près semblable, et qu'on avait puni d'une faute involontaire comme d'un acte prémédité, se mettait en fureur à mon exemple, et se montait, pour ainsi dire, à mon unisson. Tous deux dans le même lit nous nous embrassions avec des transports convulsifs, nous étouffions, et quand nos jeunes cœurs un peu soulagés pouvaient exhaler leur colère, nous nous levions sur notre séant, et nous nous mettions tous deux à crier cent fois de toute notre force : *Carnifex! carnifex! carnifex*[1] *!*

Je sens en écrivant ceci que mon pouls s'élève encore ; ces moments me seront toujours présents quand je vivrais cent mille ans. Ce premier sentiment de la violence et de

1. *Carnifex :* terme latin signifiant « bourreau ».

l'injustice est resté si profondément gravé dans mon âme, que toutes les idées qui s'y rapportent me rendent ma première émotion, et ce sentiment, relatif à moi dans son origine, a pris une telle consistance en lui-même, et s'est tellement détaché de tout intérêt personnel, que mon cœur s'enflamme au spectacle ou au récit de toute action injuste, quel qu'en soit l'objet et en quelque lieu qu'elle se commette, comme si l'effet en retombait sur moi.

Les Confessions, Livre I, p. 49-50.

INTRODUCTION

Situation du passage

Cet extrait se situe à la fin de l'épisode dit du « peigne cassé ». Accusé à tort, le jeune Rousseau a refusé d'avouer un « forfait » dont il est innocent (le dégât causé à un peigne !), malgré les fessées sévères qu'on lui administre : « je sortis de cette cruelle épreuve en pièces, mais triomphant. » Mais c'est aussi pour lui la fin de deux années de bonheur et la perte du paradis de l'enfance. Près de quarante ans après cette aventure, dont le souvenir l'émeut encore, il éprouve le besoin de clamer « à la face du Ciel » son innocence, d'expliquer au lecteur le traumatisme subi par l'enfant qu'il fut, et de montrer comment le sentiment d'injustice éprouvé alors est devenu « un des ressorts les plus vigoureux de [son] âme ».

Axes de lecture

Une punition injuste peut paraître un prétexte un peu mince, aux yeux du lecteur de l'époque, pour autoriser l'auteur à en tirer des conséquences aussi graves. La première tâche de Rousseau est donc de faire partager l'émotion d'un enfant – un enfant de douze ans à peine – qui voit son monde s'écrouler. Mais, comme il l'a annoncé lui-même, il lui faut analyser la façon dont cette épreuve, en bouleversant sa vision des adultes, a fait de lui un perpétuel révolté contre toute réalité injuste. Les deux lectures que nous ferons de ce passage seront donc centrées sur :

- l'effondrement du monde de l'enfant;
- la genèse d'un homme révolté.

1. L'EFFONDREMENT D'UN MONDE

« Qu'on se figure... » (l. 1), « qu'on s'imagine... » (l. 10) : d'entrée de jeu, le narrateur-Rousseau invite le lecteur à se mettre à la place d'un enfant qui vit dans un monde encore « innocent » (il n'a « pas même l'idée de l'injustice », l. 5) et protégé par « des gens qu'il chérit ». Cet enfant, c'est lui, bien sûr; mais il en parle comme d'un enfant en général, pour mieux mobiliser l'imagination du lecteur. Cet enfant est présenté comme jouissant d'une nature aimable par elle-même : il est ordinairement « docile », sensible à la « voix de la raison » de ses éducateurs, mais aussi, quand il le faut, capable d'un certain héroïsme en vertu d'un caractère « ardent, fier, indomptable » (l. 2). Doté de ce bon naturel, il vit dans un climat affectif et moral extrêmement favorable, que soulignent les mots « raison », « douceur », « équité », « complaisance », et qui est nettement idéalisé (« toujours gouverné, toujours traité », l. 3-4). La première phrase, assez longue, périodique, donne le sentiment d'un tableau idyllique, qui prépare très intentionnellement la « chute » qui va suivre.

Le contraste est en effet éloquent, et le lecteur est amené à comprendre ainsi en quoi la souffrance va être « terrible ». Les trois exclamations de la fin de la phrase expriment, par leur brutalité, l'effondrement soudain du monde heureux – du monde enfant – aux yeux du petit être. Les anaphores s'enchaînent pour traduire l'intensité de la catastrophe morale que vit l'enfant : « *Quel* renversement / *Quel* désordre / *Quel* bouleversement *dans* son cœur / *dans* sa cervelle / *dans* tout son petit être [...] » (l. 7-9). L'expression « petit être » est touchante : le Rousseau adulte se penche sur l'enfant qu'il fut comme pour entraîner le lecteur adulte à partager sa compassion. Il va même jusqu'à dire qu'il ne peut plus « démêler » ce qui se passait en lui, tellement c'était chaotique; il incite ainsi le lecteur à se laisser emporter par l'imagination, sans limite. On ne doit pouvoir comprendre que si l'on sait encore écouter l'enfant qu'on porte en soi...

De fait, au second paragraphe, Rousseau reprend le « je » de la narration et le point de vue intérieur de l'enfant qu'il était. À la démarche explicative précédente (faire comprendre l'émotion de l'enfant du point de vue d'un adulte) succède la démarche intuitive, sensitive, de l'homme qui se souvient en s'auscultant (« pour *sentir* » (l. 13), « tout ce que je *sentais* » (l. 15), « je ne *sentais* que » (l. 18), « je *sens* en écrivant ceci » (l. 28). Rousseau entraîne alors le lecteur dans le for intérieur de l'enfant, lui fait revivre le caractère dramatique de ce qu'il a vécu (« rigueur d'un châtiment effroyable », « crime que je n'avais pas commis », « l'indignation, la rage, le désespoir », l. 16-18). Cela peut paraître excessif, grandiloquent : mais il ne faut pas oublier qu'ici, le narrateur retrace la vision subjective d'un enfant, ce qui justifie son excès. C'est *ainsi* qu'un enfant éprouve son désenchantement, et sa colère.

Le cas « à peu près semblable » du cousin arrive à point nommé pour grossir encore l'injustice scandaleuse du comportement des adultes (qui punissent une faute « involontaire » comme un acte « prémédité »). De personnelle qu'elle était, la « fureur » prend une dimension collective. C'est ensemble que les deux enfants déplorent la perte de leur monde protégé et accusent, « avec des transports convulsifs » (l. 23), les adultes d'être des bourreaux d'enfants. « Bourreau » : c'est le sens du mot *carnifex* qu'ils répètent cent fois pour soulager « leurs jeunes cœurs », jusqu'au délire, comme si les sonorités du mot latin avaient par elles-mêmes une valeur magique. En fait, issu du mot *caro, carnis*, « la chair », *carnifex* a une connotation originelle bien saignante : les adultes ont vraiment meurtri les enfants dans leur chair (cf. les mots français de la même famille : *carnage, carnassier, s'acharner*, etc.). Le jeune Rousseau, qui apprend le latin, se venge en retournant ce mot savant contre ceux-là mêmes qui le lui ont enseigné...

Que quarante ans plus tard l'auteur vieilli puisse sentir, en pensant à ces moments, que « [son] pouls s'élève encore » (l. 28), montre à quel point l'injustice s'est inscrite dans sa chair même, à quel point le désir d'une révolte salutaire fait partie intégrante de sa personne. Il va nous le dire dans la phrase finale de cet extrait ; mais cette leçon était préparée dès le début du récit.

2. GENÈSE D'UN HOMME RÉVOLTÉ

L'émergence de l'esprit de révolte et la désillusion concernant les adultes vont de pair. Tout en orchestrant ses émotions pour toucher le lecteur, Rousseau dresse peu à peu un procès du monde adulte qui va légitimer l'homme révolté en lui, en expliquant comment celui-ci s'est constitué.

Le procès du monde adulte

On ne peut se fier aux adultes : ils vivent dans un monde d'apparences. D'une part, ils ne sont pas ce qu'ils paraissent. Ce sont « les gens qu'il chérit et qu'il respecte le plus » (l. 6-7) qui refusent de comprendre le jeune Rousseau et le condamnent à un châtiment effroyable : leur bonté de façade cachait donc bien une réelle cruauté. D'autre part, ils ne jugent eux-mêmes que sur des apparences : « les apparences me condamnaient » (l. 14) note le narrateur, en précisant que l'enfant qu'il était ne pouvait pas imaginer une telle chose.

Dans l'épisode du « ruban volé », de façon identique, ils jugeront sur des apparences la pauvre Marion. L'enfant, le faible, ne sont pas considérés comme dignes de foi : « quel renversement d'idées », en effet, pour le « petit être » qui, lui, croyait en eux ! Comment le cœur des adultes aimés n'a-t-il pas senti que l'enfant disait vrai ? Qu'il ne pouvait pas comprendre la punition ? (« je n'avais pas encore assez de raison [...] pour me mettre à la place des autres », l. 13-15) : mais les adultes, eux, ne le pouvaient-ils pas ? Avaient-ils oublié à ce point l'enfant qu'ils avaient pu être ? C'est donc cela, le monde des adultes ?

Le fait que le cousin soit lui aussi victime de l'injustice et de l'arbitraire confirme cette immense désillusion – désillusion profondément vécue, et qui annonce (ou rappelle) les thèses que l'auteur Jean-Jacques Rousseau développe dans le *Discours sur l'origine et les fondements de l'inégalité parmi les hommes* : en société, les individus vivent étrangers les uns aux autres, dans un monde mensonger ; les rapports entre les hommes ont perdu toute innocence ; les belles apparences du monde couvrent des relations de pouvoir où les faibles sont persécutés et les enfants, les éternelles victimes du sadisme des autorités. Au fond, pour les adultes qui ont effacé l'enfant en eux-mêmes, comme pour la société qui a oublié l'innocence de l'homme à l'état de nature, l'enfant ne peut être que méchant, menteur et obstiné.

Naissance de l'homme révolté

Bien entendu, on ne peut savoir, d'après ce passage, si Rousseau a réellement tiré de cette expérience les idées qui seront celles de « l'homme révolté » en lui, ou s'il projette *a posteriori* ses idées sur cet épisode.

Toujours est-il qu'on voit bien ici comment l'esprit de révolte naît du désespoir même – désespoir personnel, vite généralisé grâce au cas « à peu près semblable » du cousin. Il n'est pas inutile de remarquer ici que l'enfant Rousseau est le meneur de la rébellion : « [il] se mettait en fureur à mon exemple, et se montait, pour ainsi dire à mon unisson » (l. 21-22). L'enfant qui crie « *carnifex* » est déjà l'auteur dont les discours indignés inspireront l'éloquence révolutionnaire. À la fin du passage, Rousseau fait de cette expérience l'épisode fondateur de toutes ses révoltes ultérieures : il s'agit bien d'une première émotion, d'un premier sentiment, « relatif à moi dans son origine » (l. 33) ; mais ce mouvement d'abord individuel se convertit et se détache en lui « de tout intérêt personnel » (l. 35). Le voilà donc devenu un être révolté en soi, par pure aspiration à la justice, par désir indomptable de combattre l'oppression.

Cette belle image d'homme révolté, notons-le, était tout de même inscrite dans sa nature, puisqu'il qualifie son caractère originel des trois adjectifs « ardent, fier, indomptable » (l. 2). En revivant par le souvenir et en recréant par l'écriture cet épisode héroïque de son enfance, au point que « [son] pouls s'élève encore » (l. 28), Rousseau retrouve et reconstitue le fond même de son être. L'enfant dont l'innocence conduit à la révolte, l'homme vieilli qui revit ces moments « toujours présents quand [il vivrait] cent mille ans » (l. 29-30), le narrateur qui à la fois orchestre l'émotion et en justifie les conséquences, ces « trois » Rousseau se conjuguent ici pour nous manifester son identité profonde, sa solidarité de victime avec toutes les victimes du monde, sa haine de l'oppression, son cœur d'éternel révolté, toujours en rupture avec la société.

CONCLUSION

Cette page nous intéresse d'abord par son éloquence, par le talent d'un écrivain qui sait nous faire partager une émotion fondamentale, mais aussi, bien sûr, par sa valeur exemplaire d'épisode fondateur. Que l'anecdote soit parfaitement véridique ou un peu arrangée par l'auteur pour se persuader lui-même de sa noblesse de cœur et de l'ardeur de sa vocation, elle n'en montre pas moins combien les traumatismes de l'enfance peuvent déterminer une vie, consciemment ou inconsciemment, quelle que soit la lecture – objective ou mythique – qu'on puisse en faire après coup.

Lecture méthodique 4

La tyrannie de mon maître finit par me rendre insupportable le travail que j'aurais aimé, et par me donner des vices que j'aurais haïs, tels que le mensonge, la fainéantise, le vol. Rien ne m'a mieux appris la différence qu'il y a de la dépendance filiale à l'esclavage servile, que le souvenir des changements que produisit en moi cette époque. Naturellement timide et honteux, je n'eus jamais plus d'éloignement pour aucun défaut que pour l'effronterie. Mais j'avais joui d'une liberté honnête, qui seulement s'était restreinte jusque-là par degrés, et s'évanouit enfin tout à fait. J'étais hardi chez mon père, libre chez M. Lambercier, discret chez mon oncle; je devins craintif chez mon maître, et dès lors je fus un enfant perdu. Accoutumé à une égalité parfaite avec mes supérieurs dans la manière de vivre, à ne pas connaître un plaisir qui ne fût à ma portée, à ne pas voir un mets dont je n'eusse ma part, à n'avoir pas un désir que je ne témoignasse, à mettre enfin tous les mouvements de mon cœur sur mes lèvres : qu'on juge de ce que je dus devenir dans une maison où je n'osais pas ouvrir la bouche, où il fallait sortir de table au tiers du repas, et de la chambre aussitôt que je n'y avais rien à faire, où, sans cesse enchaîné à mon travail, je ne voyais qu'objets de jouissances pour d'autres et de privations pour moi seul; où l'image de la liberté du maître et des compagnons augmentait le poids de mon assujettissement; où, dans les disputes sur ce que je savais le mieux, je n'osais ouvrir la bouche; où tout enfin ce que je voyais devenait pour mon cœur un objet de convoitise, uniquement parce que j'étais privé de tout. Adieu l'aisance, la gaieté, les mots heureux qui jadis souvent dans mes fautes m'avaient fait échapper au châtiment.

Les Confessions, Livre I, p. 63-64.

INTRODUCTION

Situation du passage

Après avoir quitté les Lambercier, Jean-Jacques est de retour à Genève. Recueilli par son oncle qui s'occupe fort peu de son éducation, le jeune garçon fait ses premiers pas dans la vie professionnelle. Sa première expérience chez M. Masseron, greffier de la ville, est un échec total et humiliant. On le destine alors à un métier manuel et il entre en apprentissage chez le graveur Ducommun, « jeune homme rustre et violent » qui contribue à faire de l'enfant un polisson capable de tous les vices.

Axes de lecture

Une première lecture du texte met en évidence un réseau d'oppositions entre les années passées auprès de son père, des Lambercier, de son oncle, et la triste vie qui lui est faite chez Ducommun. Le thème dominant de l'extrait apparaît alors : c'est l'histoire de la *chute* sentimentale, morale et sociale d'un « enfant perdu », à laquelle l'écrivain Rousseau donne une dimension philosophique supplémentaire.

1. AUTREFOIS ET MAINTENANT : HISTOIRE D'UNE LIBERTÉ PERDUE

Les nombreuses antithèses soulignent une lente dégradation que l'auteur tente de saisir dans ses étapes successives, ce qui lui permet de se justifier auprès de son lecteur.

Un texte construit sur un réseau d'oppositions

Celles-ci font apparaître une nette coupure entre la « vie d'avant » dans les trois maisons du bonheur et celle « d'après », dans la maison du malheur (l. 18). Relevons les antithèses les plus significatives. À la « liberté » (l. 8 et 10), « l'égalité parfaite avec [ses] supérieurs » (l. 13), s'opposent la « tyrannie de [son] maître » (l. 1), « l'esclavage servile » (l. 5), « l'assujettissement » (l. 24) de l'enfant « enchaîné à [son] travail » (l. 20-21). À la franchise d'alors (exprimée par l'image des l. 16 et 17), s'oppose le silence : l'expression « je n'osais ouvrir la bouche » est reprise deux fois (l. 18 et 25). À l'aisance (il ne peut « voir un mets dont il n'[ait] sa part » l. 15), succède la privation (« j'étais privé de tout », l. 27), à la gaieté (l. 28), la tristesse suggérée tout au long du texte.

Ce système d'antithèses est d'ailleurs souligné par Rousseau dans la longue phrase accumulative des l. 13 à 27. La première partie de celle-ci, phase ascendante de la période[1], est consacrée à l'évocation du bonheur d'autrefois à partir du participe « accoutumé » suivi de cinq expansions et d'une série de négations. La seconde partie, phase descendante, dresse un triste bilan de la nouvelle vie de Jean-Jacques. Le complément de lieu « dans une maison » est suivi de six relatives introduites par le pronom « où », dans lesquelles Rousseau décrit ses habitudes d'alors. On remarquera également, à la fin de chacune des deux parties, la présence de l'adverbe « enfin » (l. 16 et 25) qui accentue l'opposition par effet de symétrie.

L'auteur veut donc opposer point par point les deux modes de vie afin de montrer combien a été douloureux pour l'enfant le passage de l'un à l'autre.

Histoire d'une lente dégradation

Cependant, Rousseau restitue ce passage dans sa lente progression pour souligner l'enchaînement des causes et des effets, et par conséquent le poids du déterminisme social (il évoque l. 23-24, « le poids de [son] assujettissement »). Le thème de la dégradation est ainsi mis en évidence tout au long de l'extrait. Notons :

– l'utilisation du verbe « finir » : « la tyrannie de mon maître *finit* par me rendre insupportable ce travail que j'aurais aimé » (l. 1-2),

– l'expression : « [les] *changements* que produisit en moi cette époque » (l. 5-6) ;

– et la phrase : « [...] j'avais joui d'une liberté honnête qui seulement *s'était restreinte jusque-là par degrés, et s'évanouit enfin tout à fait* » (l. 8-10).

---

1. Souvent utilisée dans l'art oratoire, la *période* est une phrase comportant généralement deux parties (une montée et une descente) s'articulant autour d'un sommet.

Tout au long de l'extrait, l'auteur saisit donc ces transformations dans leur durée. Ainsi, la phrase des lignes 10 à 12 offre un résumé particulièrement saisissant, dans sa lucidité, de la dégradation de l'enfant en évoquant les quatre étapes de celle-ci.

La volonté de toucher le lecteur et de se justifier

Le recours fréquent à des procédés de l'art oratoire comme la période, certaines répétitions comme « ouvrir la bouche » (l. 18 et 25), l'« adieu » final (l. 27), tout concourt à rendre cette page pathétique. Le quinquagénaire, recréant son enfance par l'écriture, souffre en dévoilant le mécanisme implacable qui a transformé le jeune garçon naïf, spontané et libre, en petit esclave. Reconstituant sa vie, il découvre avec tristesse son destin : les « fautes » d'autrefois (l. 28) se sont transformées en « vices » (l. 2) ; par conséquent, le « châtiment » (l. 29) est inévitable...

Dans le même temps, Rousseau se justifie donc auprès de son lecteur. Ce sont les privations de toutes sortes et la tyrannie du maître qui l'ont conduit au vice. Dès lors, implicitement, l'auteur attend l'absolution du lecteur.

2. L'INTERPRÉTATION DE L'HISTOIRE DE JEAN-JACQUES PAR LE PHILOSOPHE ROUSSEAU

Une seconde lecture plus approfondie du texte fait apparaître sa dimension symbolique et philosophique. Rousseau écrit en effet ses *Confessions* au terme d'une réflexion qui l'a amené à remettre en cause l'ordre social et la conception même de la destinée humaine. Cet extrait est donc marqué par l'engagement du philosophe. L'auteur y décrit le passage de l'âge d'or à l'âge de fer[1], dénonce un système social et fait un bilan sans appel.

1. *Âge de fer* : voir la note 1 de la page 142. Voir aussi les analyses de Philippe Lejeune dans *Le Pacte autobiographique* (Le Seuil, coll. « Points »)

De l'âge d'or à l'âge de fer

La phrase des lignes 10 à 12 donne une des clés possibles de l'interprétation du texte et même de l'ensemble du Livre I. Nous avons déjà analysé le processus de lente dégradation de l'enfant que cette phrase met en évidence. En allant plus loin, on peut remarquer que chacune des quatre périodes de l'enfance de Jean-Jacques est nettement mise en relief par la structure de la phrase. On discerne une nette coupure, marquée par l'utilisation du point-virgule, entre les trois premières étapes de la vie de Jean-Jacques et la dernière. Par ailleurs, la construction symétrique souligne le jeu des oppositions entre les trois premiers adjectifs : « hardi », « libre » (l. 10), « discret » (l. 11) et les deux derniers : « craintif » (l. 11) et « perdu » (l. 12).

Tous ces indices nous amènent à interpréter la phrase, et plus généralement tout le passage, comme l'histoire d'une déchéance, sans doute inspirée par la théorie d'Hésiode[1] sur les quatre âges de l'humanité. En effet, ici, nous retrouvons clairement ces quatre âges :

– *l'âge d'or*, c'est la prime enfance où Jean-Jacques, insouciant et « *hardi* », connaît le bonheur parfait auprès de son père ;

– puis vient *l'âge d'argent* auprès des Lambercier, chez lesquels l'enfant est « *libre* » et heureux – mais où il va découvrir les premières difficultés de la vie ;

– *l'âge de bronze* marque un déclin plus net encore : chez son oncle Bernard, le jeune garçon découvre l'injustice en travaillant chez le greffier Masseron et il devient « *discret* » ;

– *l'âge de fer*, qui débute chez le graveur Ducommun, est l'ultime stade de la déchéance : « *craintif* », Jean-Jacques va y découvrir toutes les infamies de la vie sociale.

Le maître et l'esclave

Dans le passage étudié, nous retrouvons aussi une idée déjà développée par Rousseau dans le *Second Discours* (1755). Par les trois mots : « tyrannie », « esclavage », assujettissement »

1. Hésiode est un poète grec du VIIe siècle av. J.-C., auteur de l'ouvrage *Les Travaux et les Jours*, dans lequel il distingue quatre âges de l'humanité : l'âge d'or, l'âge d'argent, l'âge d'airain, l'âge de fer. Les trois derniers sont l'histoire d'une longue déchéance de l'homme qui le mènera à la guerre.

(l. 1, 5, 24) et la métaphore : « enchaîné à mon travail » (l. 20-21), Rousseau reprend sa théorie fondamentale : l'homme naturel est dévoyé par la vie en société qui, par le travail, a instauré l'exploitation de l'homme par l'homme. Racontant l'histoire de sa jeunesse, le philosophe met ici clairement en évidence le processus par lequel les valeurs naturelles sont inversées, la liberté de l'individu devenant celle du maître :

– « j'avais joui d'une liberté honnête » (l. 8) ;

– « l'image de la liberté du maître et des compagnons augmentait le poids de mon assujettissement » (l. 22-24).

Un bilan sans appel

Ces différentes interprétations possibles s'inscrivent en creux dans le texte où Rousseau regarde avec nostalgie les vrais bonheurs à jamais enfuis de sa vie : la mise en relief de l'adieu final (l. 27) et la construction même de la dernière phrase (l. 27 à 29) l'attestent. L'absence de verbe dans la proposition principale, la juxtaposition des mots clés : « aisance », « gaieté » (l. 27), « mots heureux » (l. 28), montrent le caractère inéluctable de la chute.

Le texte étudié se présente donc à la fois comme un constat désenchanté et un réquisitoire vigoureux. Le philosophe constate que le déterminisme social et l'éducation telle qu'elle est dispensée dégradent l'enfant. De ce point de vue, ce texte fait écho à *Émile ou de l'éducation* (1762), ouvrage dans lequel Rousseau dénonce la corruption de la société et propose les principes d'une éducation conforme à la nature.

CONCLUSION

Rousseau joue donc ici plusieurs rôles. Accusé, il montre en toute transparence ses « vices », mais il plaide non coupable en se faisant l'avocat véhément de sa cause, et plus généralement de celle des « enfant[s] perdu[s] » (l. 12) et de l'homme naturel. Accusateur, il dénonce une société qui ne laisse aucune chance aux déshérités. Ainsi ce passage s'insère-t-il parfaitement dans son itinéraire philosophique. Rousseau tire parti des « moindres faits » de sa vie pour nous mener à une réflexion d'ensemble sur le système social dans lequel il vit et pour raviver en nous la nostalgie du paradis perdu.

Lecture méthodique 5

Dans nos promenades hors de la ville, j'allais toujours en avant sans songer au retour, à moins que d'autres n'y songeassent pour moi. J'y fus pris deux fois ; les portes furent fermées avant que je pusse arriver. Le lendemain je fus traité comme on s'imagine, et la seconde fois il me fut promis un tel accueil pour la troisième, que je résolus de ne m'y pas exposer. Cette troisième fois si redoutée arriva pourtant. Ma vigilance fut mise en défaut par un maudit capitaine appelé M. Minutoli, qui fermait toujours la porte où il était de garde une demi-heure avant les autres. Je revenais avec deux camarades. À demi-lieue de la ville, j'entends sonner la retraite ; je double le pas ; j'entends battre la caisse, je cours à toutes jambes : j'arrive essoufflé, tout en nage ; le cœur me bat ; je vois de loin les soldats à leur poste, j'accours, je crie d'une voix étouffée. Il était trop tard. À vingt pas de l'avancée je vois lever le premier pont. Je frémis en voyant en l'air ces cornes terribles, sinistre et fatal augure du sort inévitable que ce moment commençait pour moi.

Les Confessions, Livre I, p. 75-76.

INTRODUCTION

Situation du passage

Placé en apprentissage chez le graveur Ducommun, Jean-Jacques, « privé de tout », se met « à dissimuler, à mentir, à dérober », et subit en retour des mauvais traitements. « [S'ennuy[ant] de tout », il reprend pourtant goût à la lecture qui lui offre une indispensable compensation. Il atteint ainsi sa seizième année, plongé dans « [ses] chimères », ne sortant de Genève que le dimanche en compagnie de quelques camarades.

Axes de lecture

Le centre d'intérêt dominant du passage apparaît d'emblée : c'est le thème de la fatalité. Rousseau présente la fermeture des portes de la ville comme un signe du destin que Jean-Jacques va subir. C'est pourquoi l'auteur met en scène cet événement capital en le faisant revivre au présent.

1. LE POIDS DU DESTIN

Rousseau insiste dans cet extrait sur l'attitude passive de Jean-Jacques et sur les mauvais présages qu'il aperçoit.

Une attitude fataliste

L'auteur nous montre en effet que le jeune homme semble peu soucieux de sa situation. Dans la première phrase, il signale que Jean-Jacques « [va] toujours en avant sans songer au retour, à moins que d'autres n'y song[ent] pour [lui] » (l. 2-3). D'autre part, l'utilisation fréquente de la voix passive à partir de la ligne 3 (« j'y fus pris », « je fus traité », « il me fut promis ») suggère une situation subie, un engrenage fatal dans lequel Jean-Jacques se trouve pris. Cette impression est confirmée par la suite du texte : le jeune garçon, malgré tous ses efforts, arrive trop tard à la porte de la ville. Rousseau présente donc l'épisode de telle manière que Jean-Jacques semble n'avoir aucune prise sur les événements.

Les manifestations du destin

Tout au long du texte, Rousseau multiplie les indices, donnés clairement ou suggérés, de la présence d'un destin fatal.
– Premier indice : « [La] *troisième* fois si redoutée arriv[e] *pourtant* » (l. 7) ; on relèvera ici la reprise (l. 6 et 7) du nombre fatidique *trois* et la présence de l'adverbe « pourtant » : l'événement était inévitable
– Deuxième indice : le fait que le capitaine Minutoli soit de garde précisément ce jour-là. À partir de cette observation, l'auteur va suggérer par toute une série de mots et d'images la présence d'un mauvais sort, voire du diable, qui poursuit Jean-Jacques. Le capitaine est « maudit » (l. 8), les montants du pont-levis sont

assimilés à des « *cornes* terribles, sinistre et fatal augure du sort inévitable » qui épouvante l'adolescent (l. 17-18).
– Troisième indice : le verbe « commencer » (l. 18) montre qu'une nouvelle page de la vie de Jean-Jacques vient de s'ouvrir, alors que les portes de sa ville natale se sont à jamais refermées devant lui.

2. UNE MISE EN SCÈNE DRAMATISÉE

Pour bien montrer l'importance des signes du destin en cette fin du Livre I, Rousseau dramatise l'événement, notamment par le recours à l'hypotypose, afin d'émouvoir le lecteur-juge.

Le recours à l'hypotypose

Constamment utilisé par Rousseau, le procédé de l'hypotypose consiste à décrire une scène de manière si vive et si forte que le lecteur l'a en quelque sorte sous les yeux et qu'il vit l'événement avec le personnage. Ici, l'auteur y parvient tout particulièrement dans deux phrases. Dans la première (l. 11-15), il utilise une série de propositions juxtaposées qui suggèrent, par le vocabulaire employé, le jeu des sonorités et la longueur respective de chaque segment, le rythme haletant de la course et l'émotion de Jean-Jacques. La seconde phrase (« Il était trop tard », l. 15), qui ne comporte que cinq syllabes et dans laquelle on relève une allitération en [t], s'oppose à la précédente en évoquant un arrêt brutal et une cruelle déception. Remarquons également le jeu des temps verbaux qui renforce ces effets : le présent de narration actualise brusquement le récit à partir de la ligne 11, avant que Rousseau ne remette cet instant en perspective à la ligne 15 en utilisant à nouveau l'imparfait.

Rousseau et son lecteur

Pour mieux montrer au lecteur l'importance de cet épisode et l'amener à juger en toute connaissance de cause, Rousseau le sollicite donc continuellement. Il le place, on vient de le voir, au cœur de l'événement, lui donnant à vivre la scène « en direct ». D'ailleurs, en reprenant sans cesse la première personne

– « je » – au début de chaque proposition dans la phrase des lignes 11-15, il permet au processus d'identification de s'opérer naturellement. De plus, en utilisant le pronom « on » à la ligne 5 : « je fus traité comme *on* s'imagine », il prend à parti le lecteur sur le mode de la confidence intime. Or, n'oublions pas que Rousseau veut aussi se justifier; dans cette perspective, les procédés que nous venons de décrire sont extrêmement habiles.

CONCLUSION

Le but de l'auteur est donc de montrer l'enchaînement des causes et des effets. Manifestement né sous une mauvaise étoile (cette idée revient souvent sous sa plume), il met à nu le déterminisme implacable qui l'a amené à quitter sa ville natale et sa famille. Jean-Jacques a certes choisi de fuir Genève, comme on peut le lire dans le paragraphe qui suit le texte étudié ici (« je jurai de ne retourner jamais chez mon maître »), mais ce choix, nous dit Rousseau, lui a été imposé par la société qui est responsable de sa fuite. Une autre enfance aurait donné une autre vie, Rousseau le rappelle souvent à son lecteur.

Lecture méthodique

C'était le jour des Rameaux de l'année 1728. Je cours pour la suivre : je la vois, je l'atteins, je lui parle... Je dois me souvenir du lieu ; je l'ai souvent depuis mouillé de mes larmes et couvert de mes baisers. Que ne puis-je entourer d'un balustre d'or cette heureuse place ! que n'y puis-je attirer les hommages de toute la terre ! Quiconque aime à honorer les monuments du salut des hommes n'en devrait approcher qu'à genoux.

C'était un passage derrière sa maison, entre un ruisseau à main droite qui la séparait du jardin, et le mur de la cour à gauche, conduisant par une fausse porte à l'église des Cordeliers. Prête à entrer dans cette porte, Mme de Warens se retourne à ma voix. Que devins-je à cette vue ! Je m'étais figuré une vieille dévote bien rechignée : la bonne dame de M. de Pontverre ne pouvait être autre chose à mon avis. Je vois un visage pétri de grâces, de beaux yeux bleus pleins de douceur, un teint éblouissant, le contour d'une gorge enchanteresse. Rien n'échappa au rapide coup d'œil du jeune prosélyte ; car je devins à l'instant le sien, sûr qu'une religion prêchée par de tels missionnaires ne pouvait manquer de mener en paradis. Elle prend en souriant la lettre que je lui présente d'une main tremblante, l'ouvre, jette un coup d'œil sur celle de M. de Pontverre, revient à la mienne, qu'elle lit tout entière, et qu'elle eût relue encore si son laquais ne l'eût avertie qu'il était temps d'entrer. « Eh ! mon enfant, me dit-elle d'un ton qui me fit tressaillir, vous voilà courant le pays bien jeune ; c'est dommage en vérité. » Puis, sans attendre ma réponse, elle ajouta : « Allez chez moi m'attendre ; dites qu'on vous donne à déjeuner ; après la messe j'irai causer avec vous. »

Les Confessions, Livre II, p. 83-84.

INTRODUCTION

Situation du passage

Nous sommes au début du Livre II, en mars 1728. Jean-Jacques aura bientôt seize ans et il rencontre, pour la première fois, Mme de Warens qui, elle, en a vingt-neuf...

Le jeune homme a fui Genève, ville protestante, et a été recueilli par un prêtre, l'abbé de Pontverre, qui veut le convertir au catholicisme. Pour cela, Rousseau doit rejoindre, à Annecy, « une bonne dame bien charitable », elle-même récemment convertie, Mme de Warens. Elle est officiellement chargée d'héberger les âmes en voie de conversion.

Jean-Jacques arrive donc à Annecy, muni d'une lettre de recommandation de l'abbé. Il craint de ne pas plaire, et ajoute au billet de M. de Pontverre « une belle lettre en style d'orateur » où il déploie toute son éloquence « pour capter la bienveillance de Mme de Warens. »

Celle-ci n'est pas chez elle; on dit au jeune homme qu'elle vient de sortir de sa maison pour aller à l'église; il y court...

Axes de lecture

Puisqu'il s'agit d'une première rencontre, présentée comme capitale, Rousseau met tout son soin à nous la raconter : son objectif est à la fois de bien préciser les circonstances de l'événement et de nous faire partager l'émotion qu'il éprouve encore, bref de susciter en nous un intérêt *romanesque*. Notre premier axe de lecture portera donc sur l'art du récit.

En même temps, cette page est écrite par un adulte qui veut nous montrer la formation de son caractère à partir de sa vie sentimentale. Il nous expose donc, dès maintenant, les éléments qui vont constituer cette étonnante relation entre un adolescent sensible et une jeune femme bienveillante – relation au demeurant fort dissymétrique, qui fera l'objet de notre second axe de lecture

1. L'ART DU RÉCIT

Le but de Rousseau est de nous faire participer à l'événement, en faisant justement de cette première rencontre un « événement ». Plusieurs traits vont contribuer à cet effet.

C'est d'abord la *focalisation interne*. Le « je » autobiographique, classique, nous fait tout percevoir à travers la conscience du « héros » : « *Je* cours pour la suivre, *je* la vois, *je* l'atteins, *je* lui parle... » (l. 1-2). Nous sommes au cœur de l'action et des émotions. Mais remarquons tout de suite que le « je » se scinde lui-même en deux : le « je » de Jean-Jacques acteur d'une part (« *je* cours / *je* vois / *je* parle »), et le « je » de Rousseau narrateur d'autre part (« *Je* dois me souvenir / Que ne puis-*je* entourer » (l. 2, 4). Ce dernier va pouvoir apporter les précisions nécessaires et orchestrer les émotions de l'adolescent qu'il fut, conférant ainsi toute sa dimension à l'événement.

L'art du récit se manifeste ensuite par l'importance donnée aux *précisions spatio-temporelles*. La date est essentielle aux grands moments de l'existence : « C'était le jour des Rameaux [qui commémore l'entrée triomphale de Jésus dans Jérusalem] de l'année 1728 » (l. 1). Les notations de lieu ne le sont pas moins, tant elles marquent la mémoire affective : le passage derrière la maison (« c'était » répète-t-il), le ruisseau, le jardin, le mur de la cour, la fausse porte, tout est précis dans le souvenir du narrateur. Comment pourrions-nous ne pas nous sentir en situation ? Le lieu n'est pas seulement indiqué, il est célébré par Rousseau, qui rêve d'y faire construire un monument, « un balustre d'or ».

Le troisième trait notable est la *vivacité du récit*, soulignée par les passages au présent de narration, mais aussi par la succession rythmée des actions qui ponctuent cette rencontre. On peut distinguer quatre phases, qui elles-mêmes se subdivisent en petits actes vifs : 1. Le narrateur court vers Mme de Warens (« je cours / je vois / j'atteins / je parle » l. 1-2) ; 2. Elle se retourne (« Mme de Warens se retourne / Que devins-je, l. 10-11 / je vois, l. 15 / je devins, l. 18 ») ; 3. Elle prend la lettre et la lit (« Elle prend / l'ouvre / jette un coup d'œil / revient / elle lit » l. 20-23) ; 4. Elle lui parle (« me dit-elle », l. 24 / « ajouta », l. 27) et prescrit de nouvelles actions à suivre (« allez / dites qu'on vous donne / j'irai causer », l. 26-27).

Cette série d'actions capte bien sûr l'intérêt du lecteur, qui attend ce qui va se passer. Mais elles l'entraînent d'autant plus que Rousseau exprime l'intensité de l'émotion liée à chacune de ces actions. Au « premier acte », qui se termine par « je lui parle », on trouve trois points de suspension (l. 2), qui nous invitent à imaginer la scène ; puis, aussitôt, le narrateur (Rousseau adulte) intervient pour sacraliser le lieu mémorable de la rencontre (« je l'ai souvent depuis mouillé de mes larmes », etc.). Au « second acte », quand Mme de Warens se retourne, l'émotion de Jean-Jacques nous submerge : « Que devins-je à cette vue ! » (l. 12 ; l'emploi du passé simple contribue à dramatiser l'événement ; le narrateur intervient pour nous expliquer, par le contraste avec ce que le jeune homme imaginait, l'intensité de son éblouissement. La « main tremblante » (l. 21) du jeune Rousseau, le ton de voix de Mme de Warens qui le fait « tressaillir » (l. 25) sont à nouveau des signes qui valorisent l'action en nous rappelant l'omniprésence de l'émotion. Finalement, Mme de Warens ouvre la lettre écrite par Jean-Jacques et la lit tout entière après avoir survolé celle de l'abbé. La longue phrase qui décrit son attitude nous fait partager, par ses méandres, l'attente émue de Rousseau. Nous sommes dans son regard, nous n'échappons pas à la précision de ce qu'il fait, de ce qu'il remarque, de ce qu'il ressent.

L'émotion elle-même, enfin, nous est rendue sensible par le lyrisme de l'expression. Celle-ci apparaît d'abord dans les exclamations : « Que ne puis-je (l. 4) / Que devins-je (l. 12) / Eh ! mon enfant (l. 24) ». Comme naturellement, celles-ci poussent à l'extrême le sentiment exprimé : Rousseau assure avoir souvent « mouillé de [ses] larmes et couvert de [ses] baisers » le lieu de la rencontre (est-ce vrai ?) ; il en appelle aux hommages « de toute la terre », et rêve d'un monument dont tous les êtres d'honneur ne devraient approcher « qu'à genoux » : il accumule ainsi les hyperboles. Il fait de Mme de Warens un portrait idéalisé, d'ailleurs limité au buste qu'il admire : « un visage pétri de grâces, de beaux yeux bleus pleins de douceur, un teint éblouissant, le contour d'une gorge enchanteresse » (l. 15-17). Voilà de quoi enchanter aussi les lecteurs. Notons enfin le constant accord du rythme avec les émotions exprimées, qu'il s'agisse d'évoquer la précipitation de l'impatience (« je la vois, je l'atteins, je lui parle », l. 2) ou l'amplitude du sentiment (cf. les exclamations du début).

2. UNE RELATION DISSYMÉTRIQUE

Qui est donc ce jeune adolescent, quel type de sentiment éprouve-t-il ? Quelle est cette jeune femme, en réalité, et que nous manifeste-t-elle de sa personne ? En quoi cette première rencontre entre ces deux personnages annonce-t-elle tout ce qui suivra entre eux ? On peut se poser ces questions dans la mesure où elles sont présentes à l'esprit du narrateur qui se souvient – quarante ans plus tard – et qui dispose ses souvenirs en fonction de l'évolution ultérieure de son existence... et des regrets qu'il peut en éprouver. Rousseau idéalise sans conteste cette « première » rencontre ; il n'en livre pas moins des données qui laissent entendre que cette relation ne pouvait pas être aussi idéale qu'il se plaît à le rêver.

Le sentiment du jeune homme, d'abord, semble démesuré. Son émerveillement, intense, est pareil à un coup de foudre. Il s'y mêle curieusement une vive attirance physique et une sorte de ferveur religieuse. Rousseau reviendra au Livre V sur les charmes de Mme de Warens (« il était impossible de voir une plus belle tête, un plus beau sein, de plus belles mains et de plus beaux bras »), et il a auparavant souligné l'ardeur de son tempérament (« le feu dont mon sang était embrasé »). En même temps, il sacralise cet amour : d'abord, au premier degré, lorsqu'il souhaite qu'on édifie un monument à la gloire de cette rencontre (un monument dont on n'approcherait qu'à genoux !) ; ensuite, au second degré, en plaisantant sur le « jeune prosélyte » (nouveau converti) qui fut immédiatement « sûr qu'une religion prêchée par de tels missionnaires ne pouvait manquer de mener au paradis » (l. 18-20). À la fois désirée et adorée, la jeune femme est tout pour lui. Mais qu'en est-il de sa perception à elle ?

Mme de Warens apparaît effectivement comme une femme très attirante, fort jeune encore, sous le regard ébloui de l'adolescent qui fait le tour de ses appâts (« Rien n'échappa au rapide coup d'œil du jeune prosélyte », l. 17-18). Mais si elle semble prendre plaisir à la lecture de la lettre du jeune homme, c'est surtout par attendrissement. Elle est fondamentalement maternelle dans sa bienveillance : elle l'appelle « mon enfant » (l. 24) ; sa préoccupation première est de lui donner « à manger ». Pour le reste, elle était sur le chemin de l'église, elle y va : c'est après la messe qu'elle causera avec l'adolescent. Bien entendu, elle n'a rien de la « vieille dévote bien rechignée » (l. 13) que Rousseau appréhendait de rencontrer. Mais son comportement, même nimbé de la douceur et du sourire de son visage, ne dénote qu'une sincère charité chrétienne, sans commune mesure avec l'ardeur tremblante de Jean-Jacques et l'adoration immédiate qu'il est supposé avoir éprouvée devant elle.

Pour mieux saisir cette dissymétrie des sentiments, on peut citer la façon dont Rousseau décrit son propre aspect physique à cet âge, dans la page qui précède notre extrait : « Sans être ce qu'on appelle un beau garçon, j'étais bien pris dans ma petite taille ; j'avais un joli pied, la jambe fine, l'air dégagé, la physionomie animée, la bouche mignonne, les sourcils et les cheveux noirs, les yeux petits et même enfoncés, mais qui lançaient avec force le feu dont mon sang était embrasé ». Apparemment, sans doute parce que Jean-Jacques est paralysé par sa timidité, Mme de Warens ne remarque rien du charme de l'adolescent. Elle ne devine pas en lui l'être ardent auquel elle pourrait être sensible, et qui, pourtant, a « déployé » toute son « éloquence » pour l'émouvoir : elle a de la bienveillance, de la pitié, de la douceur ; mais d'amour point. Elle ne « rencontre » pas le jeune homme au sens où il croit la rencontrer. On sait qu'elle l'enverra trois jours plus tard à Turin, pour qu'il y soit instruit de la religion catholique ; ils ne se reverront pas avant un an. Il n'y a pas de réciprocité dans cette relation.

Rousseau le sait d'ailleurs. Il note quelques pages plus loin que c'est l'intensité de son sentiment qui lui fait croire qu'il est aimé : « ses regards charmants [...] me semblaient pleins d'amour parce qu'ils m'en inspiraient ». Le dimanche des Rameaux de 1778, à l'extrême fin de sa vie, il se souviendra avec émotion de cette première rencontre que son cœur a sacralisée, mais ce sera pour s'avouer combien leur relation sentimentale était déséquilibrée : « Ah ! si j'avais suffi à son cœur comme elle suffisait au mien ! » (*Rêveries du promeneur solitaire*, Dixième promenade). La première « rencontre », que Rousseau idéalise après coup, s'est bien faite à sens unique.

CONCLUSION

Si cette première « rencontre » n'a pas eu lieu (au sens ou Rousseau trouve une « maman », et non une amante), elle laissera des traces dans la littérature. Cette page des *Confessions* deviendra une sorte de modèle, de schéma type qu'on retrouvera (avec des variantes) dans les textes romanesques du XIXe siècle. Le thème de l'éblouissement devant la femme qui apparaît (Flaubert, début de *L'Éducation sentimentale*), le thème de la surprise du cœur (Mme de Rénal se figure un vieux précepteur, elle voit arriver le jeune Julien qui l'attendrit, dans *Le Rouge et le Noir*), les traits si souvent maternels de la femme idéalisée (*Le Grand Meaulnes*), viendront à nouveau émouvoir les lecteurs...

Lecture méthodique 7

Avant que d'aller plus loin, je dois au lecteur mon excuse ou ma justification, tant sur les menus détails où je viens d'entrer que sur ceux où j'entrerai dans la suite, et qui n'ont rien d'intéressant à ses yeux. Dans l'entreprise que j'ai faite de me montrer tout entier au public, il faut que rien de moi ne lui reste obscur ou caché ; il faut que je me tienne incessamment sous ses yeux ; qu'il me suive dans tous les égarements de mon cœur, dans tous les recoins de ma vie ; qu'il ne me perde pas de vue un seul instant, de peur que, trouvant dans mon récit la moindre lacune, le moindre vide, et se demandant : Qu'a-t-il fait durant ce temps-là ? il ne m'accuse de n'avoir pas voulu tout dire. Je donne assez de prise à la malignité des hommes par mes récits, sans lui en donner encore par mon silence.

Les Confessions, Livre II, p. 96.

INTRODUCTION

Situation du passage

Jean-Jacques étant bien décidé à ne pas revenir à Genève, Mme de Warens l'envoie à Turin, capitale du Piémont-Savoie, dans un hospice qui accueille les personnes désirant se convertir au catholicisme. Le voyage est fort agréable pour Jean-Jacques, partagé entre la volupté d'une errance joyeuse et libre et « les fumées de l'ambition » qui, déjà, « [lui] montent à la tête ». Le récit est brusquement interrompu par notre texte, parenthèse dans laquelle l'auteur, une fois de plus, justifie son besoin de « tout dire », même les moindres détails.

Axes de lecture

Dans cet extrait du Livre II, le narrateur prend ses distances vis-à-vis de Jean-Jacques pour faire le point et s'expliquer sur une démarche qui peut déconcerter le lecteur. Reprenant ici de manière implicite l'image du labyrinthe déjà utilisée explicitement dans le Livre I (p. 48), il veut justifier son entreprise autobiographique qui vise à mettre en scène, en toute transparence, l'homme naturel.

Nous analyserons donc l'extrait selon les deux axes suivants :
- les réflexions de Rousseau sur le « labyrinthe obscur et fangeux de [ses] confessions » (L. I, p. 48) ;
- les justifications de l'auteur.

1. LE LABYRINTHE DES « CONFESSIONS »

Constamment utilisée par Rousseau dans les premiers Livres des *Confessions*, l'image du labyrinthe apparaît ici en filigrane dans les mots clés et dans la construction de la phrase centrale. Figure symbolique, cette image représente la démarche novatrice de l'auteur qui cherche à s'expliquer pour mieux se faire comprendre.

Le thème du labyrinthe

Il est présent de façon allusive dès la première phrase où l'auteur utilise deux fois le verbe « entrer » (l. 3) et dans la phrase suivante avec le verbe « suivre » (l. 7), Rousseau invitant son lecteur à l'accompagner dans le dédale des « menus détails » de ses confessions.

Ces verbes, ainsi que les deux métaphores : « les égarements de mon cœur » et « les recoins de ma vie » (l. 7-8) montrent la volonté de l'auteur de guider pas à pas un lecteur novice dans tous les méandres d'une vie que celui-ci va devoir comprendre et juger. Rien ne doit donc lui être épargné, pas même les détails les plus puérils. Le jeu des antithèses (« rien » : l. 4 et 5 qui s'oppose à « tout »/«tous » : l. 5, 7, 8) souligne d'ailleurs bien cette exigence.

Les dédales de la deuxième phrase

La structure de la deuxième phrase est aussi à l'image de cette volonté. Elle déploie un parcours labyrinthique à partir du syntagme verbal « il faut que » répété deux fois (l. 5 et 6) et deux fois sous-entendu (l. 7 et 8). La locution « de peur que » (l. 9), suivie des deux participes présents « trouvant » et « se demandant »

(l. 9 et 10), la relance ensuite avant que la question au style direct de la ligne 11 et la fin de la subordonnée ne la closent.

Cette longue phrase segmentée et tortueuse est représentative de la démarche de Rousseau dans l'ensemble du Livre I. Par cette composition cyclique et volontairement redondante (remarquons le jeu des répétitions et les parallélismes), il veut entraîner son lecteur dans une sorte de quête à valeur initiatique à la recherche de son moi profond.

Rousseau et son lecteur

L'auteur sait en effet qu'une telle démarche, par son caractère novateur, risque de heurter un lectorat habitué à des récits de vie plus conventionnels. Rousseau propose donc ici un autre pacte de lecture, voulant obtenir l'adhésion progressive du destinataire à une logique bien différente. À cet effet, il utilise surtout une mémoire affective qui privilégie les sensations, les chocs émotionnels et découvre par tâtonnements et associations le moi profond du narrateur et héros du livre.

C'est aussi ce que donne à voir la longue phrase décrite précédemment (l. 4-12) : l'auteur désire poursuivre sa recherche dans deux dimensions :

– l'une spatiale : « [...] il faut que rien de moi ne lui reste obscur ou caché ; il faut que je me tienne incessamment sous ses yeux ; qu'il me suive [...] dans tous les recoins de ma vie » (l. 5-8) ;

– l'autre temporelle : « Qu'a-t-il fait durant ce temps-là ? » (l. 11).

Rousseau veut parcourir tous les espaces de sa personnalité saisis dans leurs transformations successives.

2. LA JUSTIFICATION DE L'ENTREPRISE AUTOBIOGRAPHIQUE

Mais l'auteur ne désire pas seulement instaurer une nouvelle méthode d'investigation et une autre façon de lire un tel ouvrage ; il lui faut aussi se justifier face au complot tramé contre lui. C'est pourquoi il évoque à nouveau son exigence de transparence et d'authenticité qui n'exclut pas, cependant, le recours à certains procédés empruntés à la rhétorique traditionnelle.

Le thème du complot et le besoin de se justifier

L'alternative de départ : « je dois au lecteur mon excuse ou ma justification » (l. 1-2) est particulièrement significative de l'état d'esprit de Rousseau au moment où il rédige ses *Confessions*. Pour lui, il s'agit moins de s'excuser de la narration de détails sans intérêt pour le lecteur que de se justifier face à un destinataire dont le statut paraît complexe. Relevons les termes qui désignent ce destinataire dans le texte :
– il est d'abord question d'un « lecteur » (l. 1) neutre et plutôt bienveillant, à qui Rousseau offre les pièces à conviction nécessaires pour le juger impartialement (même si, dans l'instant, elles peuvent sembler plus ou moins futiles) ;
– apparaît ensuite le mot « public » (l. 5). L'auteur doit rétablir la vérité face à l'entreprise de défiguration dont il s'estime victime : il est pourchassé ; ses amis d'hier (Voltaire, Diderot, le baron d'Holbach, Mme d'Épinay…) veulent sa perte ; c'est pourquoi il en appelle au « public » ;
– enfin sont évoqués un lecteur-accusateur (l. 11-12) et plus généralement « les hommes » (l. 13) prêts à douter de la bonne foi de l'auteur.

Ces glissements successifs et presque imperceptibles en disent long sur l'obsession du complot universel qui hante Rousseau. En ce sens, ce passage fait écho au préambule des *Confessions*, dans lequel l'auteur envisage de la même façon ses différents lecteurs.

L'exigence d'authenticité de « l'homme naturel »

Une fois de plus, Rousseau évoque la « malignité » (l. 12-13), c'est-à-dire la méchanceté de l'homme social. Il souligne qu'il existe une relation antagoniste entre le moi transparent du narrateur et le moi hypocrite de l'autre.

Cet antagonisme éclate à la fin du texte où l'on ressent l'amertume de l'homme blessé dans l'antithèse formée par les deux mots : « récits » et « silence » (l. 13 et 14). On retrouve ici l'opposition parcourant tout l'extrait entre d'une part l'être sincère (c'est-à-dire Rousseau lui-même), seul représentant de l'homme naturel qui n'hésite pas à se montrer dans toute sa vérité, et d'autre part l'être inauthentique et malveillant. On peut ainsi interpréter le balancement antithétique entre ·

– le plein et le vide : les expressions : « tout entier » (l. 5), « tous les égarements de mon cœur ; [...] tous les recoins de ma vie » (l. 7-8), s'opposent à : « la moindre lacune, le moindre vide » (l. 10) ;
– le transparent et l'opaque : les segments : « l'entreprise [...] de me montrer tout entier au public » (l. 4-5), « il faut que je me tienne incessamment sous ses yeux » (l. 6-7), s'opposent aux mots : « obscur », « caché » (l. 6), « malignité » (l. 12) ;
– la parole et le silence : antithèse présente dans la dernière phrase.

Comme au début du Livre I, Rousseau revendique haut et fort le caractère unique de sa démarche, se présentant seul contre tous et voulant donner de lui une image claire, une, saisie par le sentiment comme une vérité globale.

La volonté de convaincre

Pourtant, l'auteur ne dédaigne pas certains procédés de la rhétorique classique qui lui permettent d'entraîner l'adhésion du lecteur et de dessiner son « horizon d'attente ». Ainsi, la longue période[1] de la deuxième phrase (avec sa phase ascendante et sa brusque chute) est un procédé emprunté à une vieille tradition littéraire. On pourrait également remarquer, par exemple, le procédé consistant à prévenir une objection du lecteur en lui répondant par avance (l. 9-14).

L'écrivain novateur ne dédaigne donc pas les effets oratoires, dès lors qu'il s'agit de convaincre.

CONCLUSION

À l'image de tant d'autres, cette parenthèse dans le récit permet à Rousseau de rappeler au lecteur pourquoi il le conduit en toute impudeur dans le labyrinthe de son moi profond. Cette démarche l'amène à superposer deux temps : celui du jeune Jean-Jacques et celui de l'écrivain quinquagénaire qui rédige les *Confessions*. Le récit est ainsi mis en perspective dans un discours où le lecteur-juge est sans cesse sollicité

1. *Période :* voir ci-dessus, note 1, p. 140.

Lecture méthodique 8

C'était une brune extrêmement piquante, mais dont le bon naturel peint sur son joli visage rendait la vivacité touchante. Elle s'appelait Mme Basile. Son mari, plus âgé qu'elle et passablement jaloux, la laissait, durant ses voyages, sous la garde d'un commis trop maussade pour être séduisant, et qui ne laissait pas d'avoir des prétentions pour son compte, qu'il ne montrait guère que par sa mauvaise humeur. Il en prit beaucoup contre moi, quoique j'aimasse à l'entendre jouer de la flûte, dont il jouait assez bien. Ce nouvel Égisthe grognait toujours quand il me voyait entrer chez sa dame : il me traitait avec un dédain qu'elle lui rendait bien. Il semblait même qu'elle se plût, pour le tourmenter, à me caresser en sa présence, et cette sorte de vengeance, quoique fort de mon goût, l'eût été bien plus dans le tête-à-tête. Mais elle ne la poussait pas jusque-là, ou du moins ce n'était pas de la même manière. Soit qu'elle me trouvât trop jeune, soit qu'elle ne sût point faire les avances, soit qu'elle voulût sérieusement être sage, elle avait alors une sorte de réserve qui n'était pas repoussante, mais qui m'intimidait sans que je susse pourquoi. Quoique je ne me sentisse pas pour elle ce respect aussi vrai que tendre que j'avais pour Mme de Warens, je me sentais plus de crainte et bien moins de familiarité. J'étais embarrassé, tremblant ; je n'osais la regarder, je n'osais respirer auprès d'elle ; cependant je craignais plus que la mort de m'en éloigner. Je dévorais d'un œil avide tout ce que je pouvais regarder sans être aperçu : les fleurs de sa robe, le bout de son joli pied, l'intervalle d'un bras ferme et blanc qui paraissait entre son gant et sa manchette, et celui qui se faisait quelquefois entre son tour de gorge et son mouchoir. Chaque objet ajoutait à l'impression des autres. À force de regarder ce que je pouvais voir, et même au-delà, mes yeux se troublaient, ma poitrine s'oppressait, ma respiration, d'instant en instant plus embarrassée, me donnait beaucoup de peine à gouverner, et tout ce que je pouvais faire était de filer sans bruit des soupirs fort incommodes dans le silence où nous étions assez souvent. Heureusement, Mme Basile, occupée à son ouvrage, ne s'en apercevait pas, à ce qu'il me semblait. Cependant je voyais quelquefois, par une sorte de sympathie, son fichu se renfler assez fréquemment. Ce dangereux spectacle achevait de me perdre, et quand j'étais prêt de céder à mon transport, elle m'adressait quelque mot d'un ton tranquille qui me faisait rentrer en moi-même à l'instant.

Les Confessions, Livre II, p. 112.

INTRODUCTION

Situation du passage

Après le séjour douloureux à l'hospice des catéchumènes de Turin où il abjure la religion réformée et où il est baptisé, Jean-Jacques, âgé de 16 ans, erre libre et pauvre à travers la ville, s'intéressant à tout ce qui lui semble « curieux et nouveau ». À bout de ressources, il s'arrête un jour devant la boutique d'une jeune et jolie marchande, Mme Basile, chez laquelle il pense pouvoir exercer son ancien métier. Elle l'accueille avec « des manières douces et caressantes [*c'est-à-dire affectueuses, aimables*] ».

Axes d'étude

Le passage étudié pourrait paraître sans grand intérêt. Mais Rousseau prévient l'objection dans le Livre I (p. 52) : « Je sais bien que le lecteur n'a pas grand besoin de savoir tout cela mais j'ai besoin, moi, de le lui dire ». Nous comprenons mieux ce « besoin » en découvrant, sous cette petite comédie légère, une étape essentielle dans l'éducation sentimentale du jeune Jean-Jacques.

1. UNE PETITE COMÉDIE LÉGÈRE

Ce qui frappe d'emblée le lecteur, c'est le caractère théâtral de cet extrait. Spectateur de sa propre vie, Rousseau nous donne à voir et à entendre de petites scènes rapides et plaisantes dans une comédie à quatre personnages qui n'est pas sans rappeler les pièces de Marivaux.

Scènes données à voir et à entendre

Les sensations visuelles dominent dans ce texte où, une fois encore, Rousseau fait jouer la mémoire affective, surtout dans la seconde moitié de l'extrait. Il souligne la beauté « piquante » de Mme Basile par les deux occurrences de l'adjectif « joli » (l. 2 et 26) et multiplie, à partir de la ligne 22, les mots appartenant au champ lexical du regard. À titre d'exemple, citons les verbes : « regarder » (utilisé trois fois : l. 23, 25, 30), « voir » (deux occurrences à partir de la l. 30), et certains mots clés comme « œil »/«yeux » (l. 24 et 31) ou « spectacle » (l. 39).

Ce qui est également frappant dans cette comédie, c'est la délectation du jeune Jean-Jacques à voir sans être vu : « Je dévorais d'un œil avide tout ce que je pouvais regarder *sans être aperçu* » (l. 24-25). Quant à Mme Basile, on peut imaginer, d'après certains indices du texte, qu'elle prend elle aussi beaucoup de plaisir à observer le jeune homme à la dérobée : c'est ce que laisse sous-entendre Rousseau dans les trois dernières phrases du texte. Cette multiplication des points de vue produit l'effet escompté : nous sommes au spectacle et nous en entendons certains échos, celui de la flûte du « nouvel Égisthe » et le chœur des soupirs éloquents qui font frissonner le silence (l. 34-35).

Une pièce à quatre personnages

Quatre personnages se partagent les rôles traditionnels : la fausse ingénue, Mme Basile ; le mari, « plus âgé qu'elle » et « jaloux » (l. 3-4) ; l'amoureux transi, Rousseau ; « le nouvel Égisthe », gardien maussade et grognon de la dame pour laquelle il soupire en vain. Les ressorts conventionnels de la comédie : passion, jalousie, conflits d'intérêt, s'entrecroisent sous le regard amusé de Rousseau – et sous le nôtre. L'auteur se divertit manifestement beaucoup à faire d'une banale intrigue une saynète elle aussi « extrêmement piquante », sur laquelle le rideau tombe lorsque Jean-Jacques « rentr[e] en [lui]-même » (l. 41-42).

Un charmant marivaudage

En effet, nous retrouvons ici l'esprit et le style du XVIIIe siècle, particulièrement bien servis par Marivaux dans ses comédies écrites avant 1750. Comme cet auteur, Rousseau se joue d'un romanesque vers lequel il se sent attiré (la fin du texte en est un bon exemple) ; comme lui, il excelle dans les finesses de l'analyse psychologique.

Ainsi, quand il envisage les différentes causes possibles de l'attitude de Mme Basile à son égard, une longue phrase se déploie de la ligne 15 à 19, lancée par la locution « soit que » reprise trois fois, pour étudier toutes les hypothèses qui sont mises en parallèle dans des segments symétriques.

Le manège de Mme Basile, fort ambigu, est lui aussi bien restitué. Consciemment ou non, elle prend plaisir à observer les tourments de Jean-Jacques : tour à tour caressante (l. 12) – mais juste ce qu'il faut – puis marquant bien les limites à ne pas dépasser. Elle « ne pouss[e] pas [la vengeance] jusque-là » (l. 14), « elle [lui] adress[e] quelque mot d'un ton tranquille qui [le] fai[t] rentrer en [lui]-même à l'instant » (l. 41-42). Le jeu de la jeune femme, mélange de naïveté et de rouerie féminine, séduit le lecteur-spectateur.

2. L'ÉDUCATION SENTIMENTALE DU JEUNE JEAN-JACQUES

Cependant, ne nous y trompons pas, cet épisode « léger » est important dans l'éducation sentimentale du jeune homme. La sensualité de l'évocation nous montre que Rousseau garde de cette rencontre un souvenir particulièrement vif, mais pourtant moins intense que celui laissé par Mme de Warens. Cette page, à bien des égards, est donc révélatrice du rôle joué par les femmes dans le parcours initiatique de Jean-Jacques et, plus généralement, nous renseigne sur la façon dont Rousseau envisage l'amour.

La sensualité de l'évocation

L'auteur parvient, tout au long du passage et plus particulièrement dans la seconde partie lorsqu'il « dévor[e] » Mme Basile « d'un œil avide » (l. 24-25), à restituer la sensualité adolescente.

Il s'attarde d'abord avec beaucoup de complaisance sur « les choses vues » qui, ajoutées les unes aux autres, font tourner la tête de Jean-Jacques : « chaque objet ajoutait à l'impression des autres » (l. 29). Ces « objets », très érotiques à l'époque, sont les fleurs de la robe de la jeune italienne, « le bout de son joli pied », les « intervalles » (l. 26) entre deux pièces de lingerie. La phrase des lignes 24 à 29, longue et segmentée, restitue bien, par sa structure sinueuse, le parcours du regard. Dans la même phrase, des allitérations en [v] suggèrent l'impatience du jeune homme avide de sensations fortes et des allitérations en [R] les rondeurs séduisantes de Mme Basile.

Rousseau évoque ensuite les impressions ressenties : troubles visuels (l. 31), respiration rapide (l. 31-32) – on imagine les violents battements de cœur –, soupirs et difficulté à se maîtriser (l. 32-35).

Regards croisés, sensualité à fleur de peau, embarras (le participe « embarrassé » revient deux fois, aux lignes 22 et 32), soupirs fréquents, confusion des sentiments : Rousseau restitue bien ces moments essentiels des amours adolescentes et leur atmosphère.

Mme Basile et Mme de Warens

Cependant une phrase clé, au centre du texte (l. 19-22), nous permet de bien comprendre l'importance relative de chaque femme dans l'éducation de Jean-Jacques. Observons cette phrase, dans laquelle Rousseau compare Mme Basile et Mme de Warens. L'expression : « [le] respect aussi vrai que tendre » s'oppose à la fin de la phrase : « je me sentais plus de crainte et bien moins de familiarité ». Il apparaît donc bien que Mme Basile ne joue pas auprès de Jean-Jacques le même rôle que Mme de Warens.

D'ailleurs, dans ce texte, l'évocation se fait entièrement au passé, alors que Rousseau utilise le présent de narration pour restituer son émoi lorsqu'il se trouve en présence de Mme de Warens : « J'arrive enfin ; je vois Mme de Warens » (L. II, p. 82).

Une page révélatrice

Ce passage nous permet donc de mieux comprendre ce « choix des femmes » fait par Rousseau dans le Livre II et sa conception de l'amour. Libéré de la tutelle des hommes, des protestants qui lui ont inculqué des valeurs viriles en privilégiant dans son éducation rigueur et raison (Livre I), Jean-Jacques préfère désormais la passion, la sensualité, les émois du cœur que lui ont appris les femmes catholiques rencontrées dans le Livre II. En dépit des protestations du quinquagénaire, nous devinons sans peine (L. II, p. 100) les plaisirs que procure à Rousseau cette découverte qui va changer sa vie : il s'apprivoise facilement à l'idée de vivre dans le catholicisme... lorsqu'il est prêché par d'aussi jolies femmes que Mme de Warens et Mme Basile !

Cependant – et c'est peut-être une manifestation de l'influence de la première éducation reçue – l'amour restera platonique. La sensualité est vite maîtrisée : Jean-Jacques « rentr[e] en [lui]-même » (l. 41-42) à la première remontrance. Il voue en réalité à Mme Basile un amour chaste et pur, car elle est non seulement la figure idéalisée de la femme mais aussi l'image de la mère protectrice dont il a été privé.

CONCLUSION

Cette anecdote n'est donc pas aussi secondaire qu'un lecteur pressé pourrait le croire. Elle se présente comme un document vivant, haut en couleurs, « véritable pièce de comparaison » à rapprocher d'autres passages des *Confessions* consacrés aux femmes. Ainsi, nous pouvons, comme le désirait Rousseau, reconstituer l'itinéraire sentimental de Jean-Jacques et mieux juger « cette époque de [sa] vie qui a décidé de [son] caractère ».

Lecture méthodique 9

C'est ce qui surprit quand je la nommai. L'on n'avait guère moins de confiance en moi qu'en elle, et l'on jugea qu'il importait de vérifier lequel était le fripon des deux. On la fit venir; l'assemblée était nombreuse, le comte de la Roque y était. Elle arrive, on lui montre le ruban, je la charge effrontément; elle reste interdite, se tait, me jette un regard qui aurait désarmé les démons, et auquel mon barbare cœur résiste. Elle nie enfin avec assurance, mais sans emportement, m'apostrophe, m'exhorte à rentrer en moi-même, à ne pas déshonorer une fille innocente qui ne m'a jamais fait de mal; et moi, avec une impudence infernale, je confirme ma déclaration, et lui soutiens en face qu'elle m'a donné le ruban. La pauvre fille se mit à pleurer, et ne me dit que ces mots : « Ah ! Rousseau, je vous croyais un bon caractère. Vous me rendez bien malheureuse; mais je ne voudrais pas être à votre place ». Voilà tout. Elle continua de se défendre avec autant de simplicité que de fermeté, mais sans se permettre jamais contre moi la moindre invective. Cette modération, comparée à mon ton décidé, lui fit tort. Il ne semblait pas naturel de supposer d'un côté une audace aussi diabolique, et de l'autre une aussi angélique douceur. On ne parut pas se décider absolument, mais les préjugés étaient pour moi. Dans le tracas où l'on était, on ne se donna pas le temps d'approfondir la chose; et le comte de la Roque, en nous renvoyant tous deux, se contenta de dire que la conscience du coupable vengerait assez l'innocent. Sa prédiction n'a pas été vaine; elle ne cesse pas un seul jour de s'accomplir.

Les Confessions, Livre II, p. 125-126.

INTRODUCTION

Situation du passage

À Turin, fin août 1728, Jean-Jacques Rousseau – âgé de 16 ans – est laquais chez Mme de Vercellis. Le décès de celle-ci entraîne une certaine confusion et le jeune homme en profite pour voler un ruban qui le tentait. Interrogé, il accuse Marion, jeune et jolie cuisinière, de le lui avoir donné. Une confrontation entre les deux suspects est aussitôt organisée, en présence du comte de la Roque, neveu et héritier de Mme de Vercellis. C'est cette confrontation que retrace l'extrait présenté ici.

Axes de lecture

Cette confrontation où le jeune Rousseau, soupçonné, se transforme en accusateur, en présence d'une nombreuse assemblée, fait naturellement penser à une scène de tribunal. Le dispositif de ce procès et les rôles qui y sont joués feront l'objet de notre premier examen méthodique.

Mais, dans ce simple récit, le narrateur Rousseau veille : en même temps qu'il veut faire ressortir la gravité de la faute commise par l'adolescent qu'il fut, il désire faire comprendre son attitude et il prépare déjà le plaidoyer qui occupera les pages suivantes. Paradoxalement, il bat sa coulpe ici (il s'accuse violemment) pour mieux s'innocenter dans la suite, ce qui mérite d'être analysé de près.

Nous choisirons donc les deux axes d'étude suivants :

- une scène de tribunal ;
- de l'expiation à l'innocence.

1. UNE SCÈNE DE TRIBUNAL

L'épisode du « ruban volé », présenté très solennellement par Jean-Jacques Rousseau, marque la fin du Livre II. C'est le premier aveu d'une faute véritable, depuis le début des *Confessions*, faute jamais avouée, et que rien n'obligeait l'auteur à confesser, sinon le désir de soulager sa conscience. Cette faute, notons-le, n'est pas le vol du ruban. C'est d'avoir accusé à tort une innocente, d'avoir publiquement menti, et d'avoir ainsi déshonoré la pauvre Marion. Lui qui a souffert de punitions injustes, il désire se punir après coup et demander pardon...

Le récit va donc pouvoir se lire à deux niveaux. D'une part, au premier degré, on y voit une accusée (Marion), un accusateur (le jeune Jean-Jacques), un juge (le comte de la Roque), sous le regard de l'assemblée. Mais, d'autre part, au second degré, on assiste à un procès mené, cette fois, par le narrateur Rousseau, qui à la fois charge l'adolescent qu'il fut et réhabilite la mémoire de l'honnête Marion. Cela nous explique que, dans cette scène étrange, le « moi » de Rousseau, toutes facettes confondues (adolescent-protagoniste, vieil homme empli de remords, narrateur dramatisant l'épisode), joue successivement (et même simultanément) tous les rôles que l'on observe dans un tribunal.

Au premier degré, Rousseau est d'abord le protagoniste, adolescent accusateur, coupable de calomnie délibérée. Avec quelle intensité il accuse Marion (dans le désir de n'être pas lui-même accusé) : « je la charge effrontément » (l. 5), écrit-il. L'action, rapportée au présent, n'en paraît que plus intense (plus horrible pour la jeune fille, plus honteuse pour le jeune homme) : « je confirme ma déclaration », « lui soutiens en face que » (l. 11-12), etc.

Mais en même temps, au second degré, le narrateur Rousseau condamne violemment l'accusateur Jean-Jacques. Il s'agit bien du même « moi », mais il se scinde en deux ; et voici le jeune homme qualifié de « démon » : « effrontément (l. 5)... désarmé les démons... mon barbare cœur (l. 7)... une impudence *infernale* (l. 11)... une audace aussi *diabolique* (l. 20) ». Tous ces termes se font écho, définissant un champ lexical de l'ignominie absolue. Et l'adolescent, d'accusateur fieffé, devient accusé infâme, tandis que l'adulte Rousseau, adoptant le rôle de procureur, passe dans le camp de Marion, en mettant en relief la pure bonté de la nature de la jeune fille (thème très « rousseauiste ».)

Au diabolique Jean-Jacques s'oppose en effet l'angélique Marion, selon un évident manichéisme : d'un côté, tout est mal ; de l'autre, tout est bon. À la véhémence perverse du jeune homme s'oppose le calme modeste de Marion. Elle n'est pas effacée : elle jette « un regard qui aurait désarmé les démons » (l. 7), « nie », « apostrophe », « exhorte » (l. 9), « se [met] à pleurer » (l. 13), mais elle refuse l'invective. Rousseau, en tant que narrateur-procureur, se met vraiment de son côté pour mieux flétrir son action passée, si bien qu'il met dans sa bouche, au style direct, la formule qui le condamne : « Vous me rendez bien malheureuse ; mais je ne voudrais pas être à votre place » (l. 15).

Le rôle de juge est dévolu au comte de la Roque, qui renvoie les plaignants dos à dos en déclarant que « la conscience du coupable vengerait assez l'innocent ». Mais le narrateur adulte prend immédiatement cette sentence à son compte : « sa prédiction [...] ne cesse pas un seul jour de s'accomplir » (l. 26-27), et du même coup, Rousseau redevient le coupable qui expie encore, quarante ans après.

Seul un rôle n'a pas été encore assumé par l'auteur : celui d'avocat du jeune Jean-Jacques. Ce plaidoyer attendu sera développé dans une analyse ultérieure ; mais il est déjà préparé dans ce récit.

2. DE L'EXPIATION À L'INNOCENCE

On doit remarquer d'abord que le premier effet, paradoxal, du récit de la scène est de mettre en valeur le courage de l'auteur des *Confessions*, qui ose se décrire en menteur intrépide et en méchant garnement. Il avait annoncé, dans le début du Livre I, qu'il allait se montrer « méprisable et vil quand [il l'a] été » : il tient parole. Le courage de l'aveu atténue le forfait. Ce courage fait lui-même partie de l'expiation, puisqu'il est fort douloureux, surtout pour un être narcissique, de se montrer si odieux. L'excès dans la peinture de la vilenie devient ainsi une façon d'atténuer la culpabilité.

Cette impression en entraîne une autre. Le lecteur peut se dire : Est-il pensable qu'un être aussi honnête, capable d'une telle confession, si admiratif pour l'honnête Marion, ait pu commettre une action aussi noire ? Voyons, voyons : il n'était sans doute pas lui-même lorsqu'il a agi de la sorte ; sa conduite n'a pu être diabolique que parce qu'un démon l'inspirait ; le véritable fond de son âme ne peut pas être aussi méchant.

De fait, la dramatisation du récit permet au narrateur Rousseau de décrire sa conduite, mais non pas ses intentions. La brièveté des moments qui se succèdent donne l'impression que le protagoniste, emporté par l'événement, n'a pas le temps de « rentrer en [lui-même] » (l. 9), comme le lui demande Marion. Le présent de narration sert bien sûr à accentuer la vie de la scène (on compte douze verbes en trois lignes), mais aussi à montrer un personnage enfermé dans la spirale de ses propos : « Elle arrive, on lui montre le ruban, je la charge effrontément » (l. 5). Il expliquera plus loin que la nombreuse assistance, l'intimidant, lui fit craindre à tel point la honte qu'il fut entraîné à accuser de plus en plus fortement : eh bien, cette explication est préparée dès maintenant.

Reprenons par exemple la demande de Marion : elle exhorte le jeune homme à « rentrer en [lui-même] (l. 9), « à ne pas déshonorer une fille innocente » (l. 10). Deux pages plus loin, Rousseau écrira en écho : « Si l'on m'eût laissé revenir en moi-même, j'aurais infailliblement tout déclaré ». La première prépare la seconde. Mais qui est donc ce « on » qui empêche l'adolescent de rentrer en lui-même ? Les autres ! L'assemblée qui l'entoure, le comte de la Roque qui l'intimide : c'est cette société qui est coupable. D'ailleurs, comme dans l'épisode du « peigne cassé », elle juge sur les seules apparences, elle se laisse impressionner par le « ton décidé » de Jean-Jacques, elle facilite ainsi l'erreur judiciaire et le forfait du jeune homme : « les préjugés étaient pour moi » (l. 23). Le comte de la Roque est lui-même coupable de négligence : « on ne se donna pas le temps d'approfondir la chose » (l. 23) ; « [il] se contenta de dire que la conscience du coupable vengerait assez l'innocent » (l. 25), au lieu de prendre à part le jeune homme pour le faire avouer en douceur (c'est ce qu'il eût souhaité, nous dira-t-il plus loin). Bref, la manière dont est contée cette scène de tribunal nous fournit d'avance tous les éléments qui expliqueront que la conduite de Jean-Jacques, aussi noire fût-elle, était en quelque sorte involontaire, entraînée par des circonstances « atténuantes ».

CONCLUSION

Certes Rousseau soulage sa conscience en avouant son « crime ». Mais il pratique déjà, dans cet extrait, la rhétorique des casuistes (spécialistes des cas de conscience) qui consistait à excuser la gravité des actions par la pureté des intentions. Le talent avec lequel, tout en noircissant sa conduite, il prépare le plaidoyer qui va établir son « innocence », a quelque chose de... diabolique ! Mais c'est là la complexité même de Rousseau qui, tout en faisant état de ses remords (c'est à cause du remords d'avoir calomnié Marion, dit-il, qu'il a notamment décidé d'écrire ses *Confessions*), ne peut pas s'accepter « méchant[1] ».

1. On peut remarquer que pour expliciter le second axe de lecture, nous avons dû tenir compte d'éléments du texte qui figurent après l'extrait présenté ici. Cela se justifie lorsqu'un épisode est assez long, car un extrait d'une vingtaine de lignes ne peut pas être totalement compris sans référence à son contexte d'ensemble.

Lecture méthodique 10

On donnait ce jour-là un grand dîner, où, pour la première fois, je vis avec beaucoup d'étonnement le maître d'hôtel servir l'épée au côté et le chapeau sur la tête. Par hasard on vint à parler de la devise de la maison de Solar, qui était sur la tapisserie avec les armoiries : *Tel fiert qui ne tue pas*. Comme les Piémontais ne sont pas pour l'ordinaire consommés dans la langue française, quelqu'un trouva dans cette devise une faute d'orthographe, et dit qu'au mot *fiert* il ne fallait point de *t*.

Le vieux comte de Gouvon allait répondre ; mais ayant jeté les yeux sur moi, il vit que je souriais sans oser rien dire : il m'ordonna de parler. Alors je dis que je ne croyais pas que le *t* fût de trop, que *fiert* était un vieux mot français qui ne venait pas du nom *ferus*, fier, menaçant, mais du verbe *ferit*, il frappe, il blesse ; qu'ainsi la devise ne me paraissait pas dire : Tel menace, mais *tel frappe qui ne tue pas*.

Tout le monde me regardait et se regardait sans rien dire. On ne vit de la vie un pareil étonnement. Mais ce qui me flatta davantage fut de voir clairement sur le visage de Mlle de Breil un air de satisfaction. Cette personne si dédaigneuse daigna me jeter un second regard qui valait tout au moins le premier ; puis, tournant les yeux vers son grand-papa, elle semblait attendre avec une sorte d'impatience la louange qu'il me devait, et qu'il me donna en effet si pleine et entière et d'un air si content, que toute la table s'empressa de faire chorus. Ce moment fut court, mais délicieux à tous égards. Ce fut un de ces moments trop rares qui replacent les choses dans leur ordre naturel, et vengent le mérite avili des outrages de la fortune. Quelques minutes après, Mlle de Breil, levant derechef les yeux sur moi, me pria, d'un ton de voix aussi timide qu'affable, de lui donner à boire. On juge que je ne la fis pas attendre ; mais en approchant je fus saisi d'un tel tremblement, qu'ayant trop rempli le verre, je répandis une partie de l'eau sur l'assiette et même sur elle. Son frère me demanda étourdiment pourquoi je tremblais si fort. Cette question ne servit pas à me rassurer, et Mlle de Breil rougit jusqu'au blanc des yeux.

Les Confessions, Livre III p. 137-138.

INTRODUCTION

Situation du passage

Nous sommes à Turin, au début du Livre III, après l'épisode du « ruban volé ». Jean-Jacques a eu la chance de retrouver une place de laquais dans une maison de très haute noblesse, la maison de Solar. Le chef de cette maison, le vieux comte de Gouvon, a de la sympathie pour le jeune homme. Rousseau remplit son office avec zèle, mais il souffre d'être totalement ignoré – en raison de sa condition de valet – par la jolie Mlle de Breil, petite-fille du comte, qui a à peu près son âge...

Or, la veille de l'épisode ici raconté, pour la première fois, Mlle de Breil a gratifié Jean-Jacques d'un regard bref, mais admiratif, à la suite d'une réplique bien tournée du jeune homme. Celui-ci rêve d'obtenir un second regard, et l'occasion va lui en être donnée.

Axes de lecture

Ce récit est d'une grande richesse. On peut y voir, tout d'abord, une scène rondement menée, où se succèdent plusieurs « actes » dont Jean-Jacques est le héros triomphant puis malheureux.

Le domestique Rousseau n'a droit, en principe, ni à la parole ni au regard d'autrui. L'enjeu de cette scène est, pour lui, de se faire regarder, « reconnaître » pour exister. Le jeu des regards sera donc le second axe de notre lecture.

Enfin, cet épisode se veut exemplaire : le narrateur ne se contente pas d'en faire un moment mémorable ; nous devons en tirer un certain nombre de « leçons », qui méritent un troisième axe de lecture.

1. UNE SCÈNE RONDEMENT MENÉE

Pour Jean-Jacques, l'enjeu est d'obtenir que Mlle de Breil jette les yeux sur lui. Le narrateur nous a annoncé qu'une occasion allait se produire, dont il a su profiter. Le lecteur désire donc en savoir plus. Rousseau déploie son récit avec sa maîtrise habituelle, en quatre étapes :

– La situation de départ nous est exposée brièvement, avec l'énigme dont toute la suite va dépendre : faut-il un *t* au mot *fiert* de la devise des Solar ?

– Jean-Jacques intervient dans le débat (en suscitant par son sourire l'ordre du comte de Gouvon) et apporte la solution de l'énigme, en quelques mots concis et clairs.

– L'étonnement des convives se mue aussitôt en triomphe pour le jeune laquais : un triomphe double, puisqu'il obtient simultanément le regard de Mlle de Breil et les louanges de l'assemblée.

– L'empressement de Jean-Jacques à servir Mlle de Breil, pour tirer un profit sentimental du triomphe précédent, tourne au fiasco, à cause de son émotion et de sa maladresse : « ici finit le roman », conclut le narrateur, juste à la suite de notre extrait.

Le mot « roman » convient d'autant mieux que les trois premiers moments du récit nous rappellent l'atmosphère des joutes dans le roman courtois. Quelqu'un de la haute société propose une explication erronée ; Rousseau, jeune chevalier méconnu, entre en compétition et donne une « leçon » éclatante qui lui vaut aussitôt la faveur de sa dame (Mlle de Breil) ; la foule salue l'exploit du champion, sous le regard du Seigneur qui rend justice à son mérite (le vieux comte de Gouvon). Le caractère chevaleresque de ce triomphe est d'ailleurs renforcé par le fait que le « terrain » sur lequel s'exerce la compétition n'est autre qu'une devise aristocratique : Jean-Jacques se montre expert dans un domaine concernant avant tout l'antique noblesse de la maison de Solar, au beau milieu d'un grand dîner où le maître d'hôtel sert « l'épée au côté et le chapeau sur la tête » (l. 3).

Dans la maîtrise de la narration, Rousseau adapte efficacement la longueur du texte à l'importance des différents moments du récit. Dans les deux premiers paragraphes, qui préparent le « triomphe », les informations nous sont données telles quelles, sans ajout, pour que tout soit clair. À l'inverse, le point culminant du passage est largement développé : l'auteur s'arrête sur l'étonnement collectif, sur l'attente de Mlle de Breil, sur le « moment délicieux » (l. 25) dont il commente la portée. Le dernier acte, le « fiasco », est expédié beaucoup plus vite, pour apparaître comme une chute après le grand triomphe. Il n'y aura plus qu'à en tirer quelques leçons.

2. LE JEU DES REGARDS

Le champ lexical du *regard* domine ce passage. On peut en recenser une dizaine d'occurrences : « je vis… ayant jeté les yeux sur moi… il vit… me regardait… se regardait… on ne vit.. voir clairement… jeter un second regard… tournant les yeux… levant derechef les yeux… rougit jusqu'au blanc des yeux ».

Ce champ du regard souligne naturellement l'importance des apparences et des signes offerts par ces visages : étonnement, sourire, air de satisfaction, impatience apparente, rougeur. On ne fait pas que voir : on voit les regards qui vous voient, et qui sont susceptibles de vous « reconnaître » ou de vous « méconnaître. »

Le jeu des regards oriente donc l'évolution de la scène. Tout se concentre sur eux. Au départ, on le sait, Jean-Jacques recherche un regard, celui de Mlle de Breil. C'est alors qu'il voit le maître d'hôtel en habit de cérémonie : ce signe indique que ce « grand dîner » (ce mot désigne alors un déjeuner) va être régi par l'étiquette exigeante d'une grande famille, qui se sait jugée sur ses apparences – parmi lesquelles il y a les armoiries qui portent la devise de la maison.

Le second regard est celui que porte le comte sur Rousseau : mais celui-ci ne souriait évidemment pas pour lui-même, il a attiré les yeux du comte en affichant son sourire. C'est alors que Rousseau parle : le *regard* (centré sur l'apparence) fait place à la *parole* (centrée sur le réel : le savoir, le « mérite » du jeune homme), et cette parole est si sensée que ce sont les autres qui, tout à coup, se taisent, éberlués (on est passé de « je souriais sans oser rien dire », l. 10, à « tout le monde […] se regardait sans rien dire », l. 16).

Le troisième regard est donc le regard collectif, stupéfait, de l'assemblée : elle regarde Rousseau, elle se regarde, et Rousseau contemple ce regard (« On ne vit de la vie un pareil étonnement », l. 17 – « étonnement » qui répond à celui qu'a éprouvé Rousseau devant le maître d'hôtel). Dans ce bonheur de se sentir regardé, Rousseau isole alors les yeux de Mlle de Breil qui, ayant enfin reconnu la valeur du jeune homme, regarde encore son grand-père pour qu'il consacre, par ses louanges, le mérite du laquais. Quel bonheur, effectivement, pour celui-ci.

On ne quitte plus alors les yeux de Mlle de Breil, qui se tournent – se lèvent « derechef » (à nouveau) – sur Rousseau. Celui-ci n'a malheureusement plus à parler : il doit agir, et son trouble, notamment sous le regard du frère de Mlle de Breil, entraîne sa maladresse et lui fait perdre tout le bénéfice de son triomphe. Cependant, les yeux de Mlle de Breil restent en évidence dans son champ de vision, et ils signifient – puisqu'elle rougit si fortement – qu'elle n'a pas été insensible aux sentiments d'un laquais si savant... Jean-Jacques n'a pas totalement échoué, et cet épisode méritait d'être relaté pour les enseignements qui s'en dégagent sur sa vie.

3. UNE TRIPLE LEÇON

La première leçon qui nous est donnée est... une leçon de grammaire. Il n'est pas inutile de le rappeler, puisqu'il s'agit aussi d'une leçon qui s'adresse au lecteur et dans laquelle Rousseau fait preuve d'une grande clarté (le jeune Jean-Jacques s'est-il réellement exprimé aussi clairement, en cinq lignes, que le narrateur Rousseau ?).

Dans cette leçon, qui porte sur une devise nobiliaire, il n'y a pas qu'une dimension grammaticale ou purement didactique. Elle est aussi l'occasion de remettre à sa place (celle d'un élève ignorant, quelle que soit son origine sociale) la personne qui a prétendu déceler une faute là où il n'y en avait pas. Le roturier Jean-Jacques, à seize ans, en sait davantage sur les armoiries qu'un noble piémontais ! L'aristocratie déchoit-elle de son rang ?

La seconde leçon s'ensuit : elle célèbre la supériorité du mérite sur la naissance. Mais le narrateur l'amplifie, en décrivant cette supériorité comme un renversement de l'ordre établi. Tout le monde, tout *ce* monde est stupéfait : l'ordre naturel (celui du mérite personnel, du savoir réel) reprend ses droits aux dépens de l'ordre social (dont la hiérarchie est conventionnelle, arbitraire). C'est en tant que classe sociale que l'assemblée aristocratique est sidérée (« On ne vit de la vie un pareil étonnement », l. 17), et qu'elle se sent obligée de faire chorus, d'approuver comme un chœur l'éloge de ce laquais qui sait tant de choses. Bien entendu, ce n'est pas la révolution : c'est un comte qui mène le jeu et qui s'honore, fort noblement, de reconnaître la valeur d'un valet. Mais Rousseau fait tout de même de ce moment un moment symbolique où l'ordre naturel prend sa revanche, où les choses (et les êtres !) retrouvent leur place originelle. L'auteur du *Discours sur l'origine de l'inégalité*, qui a combattu toutes les formes d'injustice sociale, est totalement présent dans ce passage, et notamment dans cette antithèse où il oppose le « mérite avili » (la valeur méconnue) aux « outrages de la fortune » (le hasard de la naissance, qui ne place pas les êtres de valeur au rang – social – qui devrait être le leur).

La troisième leçon qui se dégage de ce texte n'est plus une leçon que Rousseau donne, mais une leçon qu'il reçoit. L'ivresse du triomphe, l'émotion d'avoir troublé Mlle de Breil, le rêve provisoire d'être sorti de son rang, l'empêchent de bien remplir son office de laquais : le voici « puni » de sa précipitation. À la manière d'Hannibal, qui fit trembler la République romaine, il sait « vaincre » mais non « profiter de sa victoire ». Il sait émouvoir les jeunes filles, mais n'arrive pas à conduire à son terme le sentiment qu'il fait naître. Il en fait d'ailleurs une loi de son existence, dans son propre commentaire de cet épisode : « Ici finit le roman où l'on remarquera, comme avec Mme Basile, et dans toute la suite de ma vie, que je ne suis pas heureux dans la conclusion de mes amours ». La clef se trouve peut-être dans le fond de son caractère, tel qu'il l'analyse dans son autoportrait (cf. lecture méthodique 11) : l'hyperémotivité paralyse en lui l'action ; son esprit (ici sa capacité verbale) est contrecarré par son inadaptation comportementale (sa maladresse gestuelle, dans cet épisode).

CONCLUSION

Cet épisode illustre (comme bien d'autres il est vrai) les multiples facettes de Jean-Jacques Rousseau : le talent du conteur, le « mérite » du jeune homme, la philosophie sociale de l'auteur, les contradictions du caractère. Et l'on constate, une fois de plus, à quel point chaque épisode de son histoire est « revisité » par un vieil homme qui y cherche les origines de son destin et de sa « nature », au risque d'y projeter après coup l'idée qu'il veut donner de lui-même.

Lecture méthodique 11

Deux choses presque inalliables s'unissent en moi sans que j'en puisse concevoir la manière : un tempérament très ardent, des passions vives, impétueuses, et des idées lentes à naître, embarrassées et qui ne se présentent jamais qu'après coup. On dirait que mon cœur et mon esprit n'appartiennent pas au même individu. Le sentiment, plus prompt que l'éclair, vient remplir mon âme; mais au lieu de m'éclairer, il me brûle et m'éblouit. Je sens tout et je ne vois rien. Je suis emporté, mais stupide; il faut que je sois de sang-froid pour penser. Ce qu'il y a d'étonnant est que j'ai cependant le tact assez sûr, de la pénétration, de la finesse même, pourvu qu'on m'attende : je fais d'excellents impromptus à loisir, mais sur le temps je n'ai jamais rien fait ni dit qui vaille. Je ferais une fort jolie conversation par la poste, comme on dit que les Espagnols jouent aux échecs. Quand je lus le trait d'un duc de Savoie qui se retourna, faisant route, pour crier : *À votre gorge, marchand de Paris,* je dis : « Me voilà. »

Cette lenteur de penser, jointe à cette vivacité de sentir, je ne l'ai pas seulement dans la conversation, je l'ai même seul et quand je travaille. Mes idées s'arrangent dans ma tête avec la plus incroyable difficulté : elles y circulent sourdement, elles y fermentent jusqu'à m'émouvoir, m'échauffer, me donner des palpitations; et, au milieu de toute cette émotion, je ne vois rien nettement, je ne saurais écrire un seul mot, il faut que j'attende. Insensiblement ce grand mouvement s'apaise, ce chaos se débrouille, chaque chose vient se mettre à sa place, mais lentement, et après une longue et confuse agitation. N'avez-vous point vu quelquefois l'opéra en Italie? Dans les changements de scènes il règne sur ces grands théâtres un désordre désagréable et qui dure assez longtemps; toutes les décorations sont entremêlées; on voit de toutes parts un tiraillement qui fait peine, on croit que tout va renverser :

cependant, peu à peu tout s'arrange, rien ne manque, et l'on est tout surpris de voir succéder à ce long tumulte un spectacle ravissant. Cette manœuvre est à peu près celle qui se fait dans mon cerveau quand je veux écrire. Si j'avais su premièrement attendre, et puis rendre dans leur beauté les choses qui s'y sont ainsi peintes, peu d'auteurs m'auraient surpassé.

Les Confessions, Livre III, p. 158-159.

INTRODUCTION

Situation du passage

Il s'agit du long autoportrait de Rousseau qui se situe au milieu du Livre III. Madame de Warens, qui se soucie de l'avenir de Jean-Jacques, âgé d'environ dix-sept ans, l'a fait discrètement examiner par l'un de ses parents, M. d'Aubonne. Le jugement de celui-ci est sans appel : l'adolescent est « un garçon de peu d'esprit, sans idées, presque sans acquis, très borné en un mot à tous égards ». Comment Jean-Jacques peut-il produire une telle impression ?

Il se trouve que l'auteur des *Confessions*, au cours de sa vie, a été plusieurs fois jugé négativement, à partir des seules apparences. Il veut donc ici expliquer par quelle étrangeté psychologique il a pu donner une image aussi fausse de sa personne.

Axes de lecture

Rousseau nous expose la contradiction fondamentale qui est au cœur de sa nature, puis les conséquences qui en découlent dans sa manière d'être, en société d'abord (« dans la conversation »), dans la solitude ensuite (« quand je travaille »).

Plus l'explication est claire, plus l'argument est convaincant. Dans ce texte argumentatif où l'auteur s'analyse pour affirmer sa singularité, on ne peut pas séparer la clarté de l'exposé et la défense de la personne. Nous étudierons donc les deux paragraphes du texte successivement, en en faisant une lecture méthodique linéaire.

1. PREMIER PARAGRAPHE : LA CONTRADICTION, SIGNE D'AUTHENTICITÉ

En une seule phrase, Rousseau définit les deux caractères « presque inalliables » qui s'unissent en lui-même : d'un côté l'impétuosité du sentiment, de l'autre la lenteur de la pensée. Il est un être hybride, dont chaque partie semble étrangère à l'autre : « On dirait que mon cœur et mon esprit n'appartiennent pas au même individu » (l. 5-6).

Pour bien établir ce contraste, cette scission, l'auteur use d'une antithèse remarquablement symétrique, dont les trois éléments s'opposent terme à terme : « un tempérament *très ardent* / des passions *vives* / *impétueuses* // des idées *lentes à naître* / *embarrassées* / et qui ne se présentent jamais qu'*après coup* » (l. 2-4).

L'effet de l'antithèse est en quelque sorte de « prouver », par le parallélisme de la structure, l'exactitude de l'opposition énoncée. Rousseau y ajoute un léger effet oratoire : alors que la première partie de l'antithèse a un ton ascendant (« très ardent / vives / impétueuses »), la seconde, plus lente et plus longue, se déroule plus laborieusement. Ainsi, la phrase de Rousseau se fait le *calque parfait* des deux traits opposés de sa nature : l'élan du cœur, les méandres de l'esprit. Le lecteur ne peut être que persuadé de sa justesse.

Cette antithèse fondamentale va en engendrer d'autres, dans la suite du texte : « Le sentiment, plus prompt que l'éclair, vient remplir mon âme ; // mais au lieu de m'éclairer, il me brûle et m'éblouit » (l. 6-8), « Je sens tout // et je ne vois rien » (l. 8), « je suis emporté // mais stupide » (l. 8-9), etc. C'est ainsi par un *réseau d'antithèses* que l'écrivain pose et impose aux yeux du lecteur l'idée de sa dualité. Notons cependant que, ce faisant, il enrichit l'analyse d'une précision importante : c'est en *raison même* du jaillissement de ses sentiments que son activité intellectuelle est paralysée. Il est en quelque sorte victime d'une surcapacité : son tempérament de feu (l'image de la flamme est présente dans les mots *ardent, éclair, brûle*). Sa nature est trop riche.

Richesse du côté du cœur, mais richesse aussi du côté de l'esprit, pour peu qu'on laisse à Jean-Jacques le temps de reprendre son « sang-froid ». Et voici que Rousseau feint de s'étonner de ses capacités mentales (« Ce qu'il y a d'étonnant »

(l. 9-10). Plus nous avançons dans le paragraphe, plus il se plaît à faire le bilan (amusé ? narcissique ?) de son potentiel. Ainsi, il a « le tact assez sûr, de la pénétration, de la finesse même » (l. 10-11). Il fait « d'excellents impromptus à loisir » (l. 12 : un *impromptu* est une improvisation brillante ; le faire « à loisir », c'est lui ôter son caractère d'impromptu – notons que Rousseau emprunte sciemment cette expression à Molière, dans la scène XI des *Précieuses ridicules*). Il ferait « une fort jolie conversation » – mais par la poste ! Il s'identifie enfin au duc de Savoie, qui veut faire « ravaler » son insulte à un marchand, longtemps après l'avoir reçue : anecdote plus plaisante qu'humiliante. Il est clair que Rousseau se moque gentiment de lui-même ; mais il ne le fait pas moins avec une évidente complaisance.

Au terme de ce premier paragraphe, que retenons-nous de ce que l'auteur des *Confessions* nous dit de sa personne ?

– D'une part, qu'elle se compose de deux traits par eux-mêmes d'une grande valeur : heureux celui qui est à la fois capable de cette vivacité du cœur et de ces aptitudes de l'esprit.

– D'autre part, que si ces éléments se contredisent, c'est là le signe d'une nature exceptionnelle : il n'est pas banal que deux choses « presque inalliables » (l. 1) se soient alliées en lui. Cela confirme l'affirmation de sa singularité, dans les premières lignes des *Confessions* : « j'ose croire n'être fait comme aucun de ceux qui existent ».

2. DEUXIÈME PARAGRAPHE : LA QUÊTE DE LA CLARTÉ

Rousseau examine maintenant les conséquences intellectuelles de sa double nature. Il va en montrer les inconvénients (c'est l'aspect autocritique) mais aussi la fécondité lorsque, surmontant ces obstacles, la clarté se fait en lui.

L'antithèse entre la « lenteur de penser » et la « vivacité de sentir » est à nouveau montrée comme un handicap. Mais on notera que l'idée développée n'est plus tout à fait la même : alors que le premier paragraphe montrait comment l'émotion paralyse l'esprit, le second montre comment l'esprit, à partir de son bouleversement, émerge peu à peu et, en dépit de « la plus incroyable difficulté » (l. 21), parvient malgré tout à la clarté. Une autre nuance est à souligner : Rousseau ne parle plus ici d'émotions venues de l'extérieur, préalables à l'activité de l'esprit : ce sont les idées elles-mêmes qui suscitent en lui confusion, agitation, palpitations. C'est dans ce surgissement d'idées qu'il déclarera avoir soudainement imaginé la thèse du *Discours sur les sciences et les arts*, en 1749, à Vincennes. En somme, le processus qu'il décrit n'est pas très éloigné de l'expérience du candidat au baccalauréat qui jette en vrac ses idées et éprouve toutes les peines du monde, ensuite, pour les mettre en ordre et les formuler. L'originalité de l'analyse va résider dans les deux images que Rousseau développe pour illustrer ce travail d'élaboration mentale.

La métaphore de la fermentation est la première de ces images : pareilles à des substances organiques, les idées « circulent sourdement », « fermentent » (l. 21-22) ; ce bouillonnement intérieur en vient vite à « échauffer » notre penseur, à lui « donner des palpitations [c'est le sens étymologique du mot *émotion*] (l. 22-23) ». Ce qui n'était qu'une métaphore semble devenir tout à coup une réalité : les « idées » produisent véritablement en Rousseau un chaos qui l'aveugle (« je ne vois rien nettement », l. 24). Puis c'est la clarté progressive : au champ lexical de l'agitation fait place le champ lexical de l'ordre (« ce grand mouvement s'apaise, ce chaos se débrouille ; chaque chose vient se mettre à sa place », l. 25-26).

La comparaison qui suit nous propose une image beaucoup plus noble : celle de l'opéra italien. Rousseau décrit son tumulte intérieur par analogie avec le bouleversement qui se produit, lors des changements de décor, sur la scène des grands théâtres italiens. L'idée est la même : il s'agit de montrer de quelle manière, comme par magie, l'ordre surgit de la confusion. Ainsi, le « désordre désagréable », « les décorations entremêlées », le « tiraillement qui fait peine », le « long tumulte » qui fait croire que « tout va renverser », débouchent sur « un spectacle ravissant » (l. 30-35). Mais en prenant l'exemple de l'opéra, Rousseau enrichit l'analyse d'une connotation nouvelle : celle de la genèse de l'œuvre d'art. Il nous renvoie au processus créatif de l'*artiste* qu'il est lui-même. Dans son cerveau, la beauté des choses surgit de la même manière que les décors s'harmonisent à l'opéra.

Le fait de choisir l'image du théâtre correspond par ailleurs à une tendance profonde de Rousseau : mettre en scène, littéralement, son for intérieur ; apparaître aux autres dans une totale transparence. Reste bien sûr à écrire, à rendre ce « spectacle ravissant » qui s'est élaboré en lui, ce qui demande du temps.

Sur ce point, Rousseau manifeste tout à coup à la fois une grande modestie (« Si j'avais su », l. 36) et un réel orgueil (« peu d'auteurs m'auraient surpassé », l. 38). Alors, autocritique ou autocélébration ? Pour répondre à cette question, il faut se souvenir que le lecteur du XVIIIe siècle auquel Rousseau s'adresse connaît très bien l'œuvre du maître et le succès dont elle jouit, qu'il s'agisse de musique (avec son opéra, *Le Devin du village*) ou de littérature romanesque (avec *La Nouvelle Héloïse*). Le « Si j'avais su » semble donc écrit pour susciter la réaction immédiate : mais vous avez su ! Sa certitude finale – « peu d'auteurs m'auraient surpassé » –, qui présuppose le désir de s'inscrire dans une hiérarchie, est une manière d'affirmer la supériorité en soi de son génie créateur.

CONCLUSION

Paradoxalement, c'est dans l'analyse des mécanismes qui rendent son esprit confus que Rousseau brille par sa clarté, ce qui est une façon de montrer l'étonnante capacité de sa nature, et de convaincre le lecteur de sa singularité.

Mais cette clarté ne sert pas uniquement à la connaissance de Rousseau. L'intérêt de son analyse réside aussi dans ce qu'elle peut apporter à la psychologie en général. Les spécialistes de la caractérologie ont justement nommé « retentissement secondaire » ce trait qui consiste, sur le moment, à être interdit ou mal inspiré dans sa conduite pour ensuite, à loisir, réagir profondément à ce qui s'est passé. Chacun a pu éprouver, plus ou moins, cette contradiction entre émotivité et réflexion, par exemple dans le manque de ce qu'on appelle « l'esprit d'à-propos ». On peut être reconnaissant à Rousseau de l'avoir mise au clair, conformément à son projet autobiographique qui est de « servir de comparaison pour l'étude des hommes ». Les *Confessions* sont aussi pour nous une sorte de miroir.

Lecture méthodique 12

Après le dîner nous fîmes une économie. Au lieu de prendre le café qui nous restait du déjeuner, nous le gardâmes pour le goûter avec de la crème et des gâteaux qu'elles avaient apportés ; et pour tenir notre appétit en haleine, nous allâmes dans le verger achever notre dessert avec des cerises. Je montai sur l'arbre, et je leur en jetais des bouquets dont elles me rendaient les noyaux à travers les branches. Une fois, Mlle Galley, avançant son tablier et reculant la tête, se présentait si bien, et je visai si juste, que je lui fis tomber un bouquet dans le sein ; et de rire. Je me disais en moi-même : « Que mes lèvres ne sont-elles des cerises ! Comme je les leur jetterais ainsi de bon cœur. »

La journée se passa de cette sorte à folâtrer avec la plus grande liberté, et toujours avec la plus grande décence. Pas un seul mot équivoque, pas une seule plaisanterie hasardée ; et cette décence, nous ne nous l'imposions point du tout, elle venait toute seule, nous prenions le ton que nous donnaient nos cœurs. Enfin ma modestie, d'autres diront ma sottise, fut telle que la plus grande privauté qui m'échappa fut de baiser une seule fois la main de Mlle Galley. Il est vrai que la circonstance donnait du prix à cette légère faveur. Nous étions seuls, je respirais avec embarras, elle avait les yeux baissés. Ma bouche, au lieu de trouver des paroles, s'avisa de se coller sur sa main, qu'elle retira doucement après qu'elle fut baisée, en me regardant d'un air qui n'était point irrité. Je ne sais ce que j'aurais pu lui dire : son amie entra, et me parut laide en ce moment.

Enfin elles se souvinrent qu'il ne fallait pas attendre la nuit pour rentrer en ville. Il ne nous restait que le temps qu'il fallait pour arriver de jour, et nous nous hâtâmes de partir en nous distribuant comme nous étions venus. Si j'avais osé, j'aurais transposé cet ordre ; car le regard de Mlle Galley m'avait vivement ému le cœur; mais je n'osai rien dire, et ce n'était pas à elle de le proposer. En marchant nous disions que la journée avait tort de finir, mais, loin de nous plaindre qu'elle eût été courte, nous trouvâmes que nous avions eu le secret de la faire longue, par tous les amusements dont nous avions su la remplir.

Les Confessions, Livre IV, p. 186-187.

INTRODUCTION

Situation du passage

Nous sommes au début de juillet 1730. Jean-Jacques, dans l'innocence de ses dix-huit printemps, s'est levé tôt pour admirer le lever du soleil. Au cours de sa promenade, il rencontre deux jeunes filles de son âge, qu'il connaît, Mlle de Graffenried et Mlle Galley. Profitant de ce beau jour, celles-ci se rendent à cheval au château de Toune, près d'Annecy. Jean-Jacques les aide à traverser un ruisseau ; en échange, elles décident de le faire « prisonnier » et l'invitent à venir passer la journée avec elles. Il accepte, monte en croupe sur le cheval de Mlle de Graffenried. Les jeunes gens arrivent à destination, s'affairent dans la bonne humeur, puis prennent un repas que Rousseau juge « plein de charmes », non seulement « pour la gaieté » mais aussi « pour la sensualité ».

Axes de lecture

L'épisode retenu ici se situe après le déjeuner (appelé alors « dîner »). Il est d'abord le récit des plaisirs simples éprouvés par le jeune homme et partagés par les jeunes filles. Il y règne une atmosphère de sensualité et d'innocence, qui fait le charme de cette page, et dont nous essaierons de cerner les éléments.

En même temps, l'auteur des *Confessions* nous livre ici certains aspects de son imaginaire amoureux. Il rêve encore, avec nostalgie, d'un bonheur idyllique qui dépasse l'aventure réelle qui nous est contée, et dont l'allure romanesque puise peut-être ses sources dans ses lectures d'enfant. Les axes de lecture dégageront du texte ces deux aspects complémentaires : sensualité et innocence ; rêve d'un bonheur idyllique.

1. SENSUALITÉ ET INNOCENCE

Le mot « sensualité » a été employé par Rousseau juste avant notre extrait, avec une connotation positive. Pour lui. l'innocence peut très bien s'associer à la sensualité. Ici, deux éléments se joignent pour rendre délicieuses les sensations de cette journée · les plaisirs du goût et la présence troublante des jeunes filles.

La joie de se nourrir est omniprésente dans le premier para graphe : il est question de « dîner, déjeuner, goûter, tenir [son] appétit en haleine ». Mets et fruits occupent le centre des préoccupations : « café, gâteaux, crème, verger, cerises, noyaux, bouquets de cerises, dessert », voilà un champ lexical sans ambiguïté. Le partage des fruits avec les jeunes filles, qui en raffolent, amplifie leur saveur. N'oublions pas que ce sont elles qui ont apporté les gâteaux, le café, la crème. La douceur de la crème est un thème qui revient chez Rousseau : ainsi, au Livre II, il s'est plu à imaginer « des festins rustiques » avec « sur les arbres des fruits délicieux; sous leur ombre, de voluptueux tête à tête; sur les montagnes, des cuves de lait et de crème ».

Il n'est pas inutile de remarquer qu'une sorte de transition se fait de la dégustation des fruits... à celle (fantasmée) du corps féminin. L'exclamation « Que mes lèvres ne sont-elles des cerises ! » (l. 10-11) l'indique suffisamment, et l'on notera que c'est aussi « la bouche » de Jean-Jacques qui se colle sur la main de Mlle Galley.

La proximité, l'intimité de ces jeunes filles avec lesquelles il est si doux de « folâtrer » est le second élément constitutif de cette sensualité, certes diffuse, mais qui se fait désir ponctuel en trois instants précis. C'est d'abord le jeu des cerises, habilement jetées dans le décolleté de Mlle Galley : Rousseau dit bien qu'il visait juste, et s'avoue à lui-même son envie de poser les lèvres sur cette cible. Il y a ensuite, au terme d'une émotion croissante (« Nous étions seuls, je respirais avec embarras, elle avait les yeux baissés », l. 21-22), un baiser réel – quoique sur la main; et si la demoiselle retire sa main, elle le fait « doucement » (l. 24), après que le baiser a été donné, et en regardant le jeune homme « d'un air qui n'était point irrité » (l. 25), ce qui laisse entendre qu'elle a partagé son trouble. Enfin, Jean-Jacques avoue un troisième désir – celui de monter en croupe sur le cheval de la cavalière dont le regard lui a « vivement ému le cœur » (l. 33); mais il n'ose pas avouer ce desir, comme s'il se contentait de l'éprouver, de le retenir, pour lui conserver son innocence.

La sensualité bien réelle qui baigne ces jeux, est en effet constamment tempérée par la retenue, par la pudeur, par le fait que la présence simultanée de *deux* demoiselles empêche de s'enhardir trop auprès d'une seule. Dès le début, en précisant : « Nous fîmes une économie » (l. 1), Rousseau semble déjà annoncer que la modération – la « modestie » – va être de mise à tous les niveaux : on réserve son « appétit », on se contente de le tenir « en haleine ». La première audace, le jet de cerises, n'est pas un appel précis, mais un simple jeu qui n'ira pas plus loin : on se contente d'en rire. Quand il souhaite aussitôt que ses lèvres suivent le chemin des cerises, il pense aux deux demoiselles à la fois (« comme je les leur jetterais », l. 11) : il s'agit moins de faire effraction dans un corsage que de jeter de chastes baisers. Quand il embrasse la main de Mlle Galley, il note bien que cette privauté lui échappe, et « une seule fois » ; c'est d'ailleurs sa bouche seule qui s'avise d'agir ainsi, sa volonté semble hors de cause. L'accueil fait par la jeune fille l'innocente aussitôt, et l'arrivée de son amie arrête les choses opportunément.

Ainsi, les jeux folâtres des jeunes gens parviennent à associer « la plus grande décence » à « la plus grande liberté » (l. 14) L'innocence est d'autant plus marquée qu'elle semble naturelle « cette décence, nous ne nous l'imposions point du tout, elle venait toute seule » (l. 16). La simplicité et l'innocence dérivent de l'union des cœurs : « nous prenions le ton que nous donnaient nos cœurs » (l. 17). C'est la transparence des cœurs qui fait le vrai bonheur.

2. LE RÊVE D'UN BONHEUR IDYLLIQUE

Dans ce passage, tout semble se dérouler comme par enchantement. Les deux seuls « incidents » qui viennent rompre le charme sont, en fin de journée, l'irruption de Mlle de Graffenried qui « parut laide en ce moment » (l. 26-27) aux yeux de Jean-Jacques (elle prend soudain la figure de l'interdit, mais en même temps, elle tire d'affaire le balourd qui ne savait plus que dire après son baiser), et bien sûr l'approche du soir qui rappelle aux demoiselles qu'il faut rentrer en ville. Tout le reste compose précisément un bonheur idyllique.

Une idylle est traditionnellement une aventure amoureuse, tendre et naïve, dans un cadre champêtre, au sein d'une nature propice. L'adjectif *idyllique* qualifie ainsi une atmosphère parfaite, une brève histoire sentimentale sans nuage, l'évocation d'une situation idéale, une amitié amoureuse très pure.

On voit que cette journée décrite par Rousseau, bien longtemps après l'avoir vécue, mérite le qualificatif d'*idyllique*. Le bonheur éprouvé semble tenir à une harmonie, à des équilibres subtils que la modération des trois jeunes gens évite spontanément de menacer, et dont on peut regrouper les éléments en trois points : un trio de rêve, un climat d'enfance, un cadre bucolique.

L'avantage du trio, on l'a vu, c'est d'empêcher que le désir amoureux du jeune Rousseau s'exprime trop avant à l'égard d'une seule jeune fille ; mais c'est aussi de lui permettre de l'éprouver sans crainte (en tête-à-tête, il se sent embarrassé et se tait). Il l'a d'ailleurs noté au début de l'épisode : « Leur gaieté vive et charmante était l'innocence même ; et d'ailleurs, qu'eussent-elles fait de moi entre elles deux ? » Plaire, faire plaisir, se plaire ensemble tous les trois et, pour le jeune homme, se sentir immergé dans une féminité de rêve, telles sont les conditions de ce bonheur harmonieux. On peut remarquer l'omniprésence du pronom *nous* (19 occurrences) ou du possessif *nos, notre* : c'est une communauté juvénile qui vit dans un accord de cœur constant, dans un même partage des fruits, des jeux, des moments. Du moins l'auteur nous le laisse-t-il croire, car les jeunes filles ne parlent pas ; elles évoluent sans que l'on sache leurs motivations, avec douceur et vivacité, comme dans un rêve.

Le climat d'enfance semble fait pour prémunir contre les désirs trop vifs de l'adolescence. Un jet de cerises, un baiser gentil, c'est tout ce qu'ose le jeune homme. Ce sont elles qui mènent le jeu, de même qu'elles ont apporté la nourriture : on dirait de grandes sœurs ou de jeunes mères bienveillantes. Jean-Jacques est passif, ou plutôt porté (et transporté) par la féminité ambiante, par l'entente du trio ; et ce sont les demoiselles qui mettent fin (« elles se souvinrent », l. 28) à cette parenthèse hors du temps réel, à ce moment précieux qui semble évoquer ce que Baudelaire nommera « le vert paradis des amours enfantines ».

Le cadre bucolique, la nature complice qui offre ses fruits et permet de « folâtrer », sont à la base de ce bonheur idyllique. Douceur de la saison, dessert dans le verger (en haut des branches), faveur d'une main de jeune fille abandonnée à un baiser, ralentissement du temps qui semble s'être dilaté comme les cœurs (« la journée avait tort de finir, mais [...] nous avions eu le secret de la faire longue », l. 35-37), tout se mêle, tout se fond pour donner l'impression que cet épisode s'est déroulé dans un espace-temps idéal, en apesanteur. L'innocence soulignée dans la première partie est en quelque sorte garantie par le fait que tout se passe dans le cadre champêtre (par opposition à la ville où il faudra retourner). La nature purifie les mœurs, permet l'amour en désamorçant la passion, et offre des joies d'autant plus profondes qu'elles sont retenues (à l'image de la litote qui exprime la tendresse de Mlle Galley : « me regardant d'un air qui n'était point irrité », l. 25).

CONCLUSION

Cette « idylle des cerises », en plus de son charme propre, nous livre un schéma central de l'imaginaire amoureux de Rousseau. Au Livre II, Jean-Jacques a donné un même baiser chaste sur la main de Mme Basile, et il en restera là. Au Livre V, nous retrouvons la figure d'un trio, avec Mme de Warens, Claude Anet et Rousseau (« Ainsi s'établit entre nous trois une société sans autre exemple peut-être sur la terre »). La même chose se produit au Livre IX avec Mme d'Houdetot et Saint-Lambert. Ces trios vécus – et idéalisés par l'écrivain – ont déjà été transposés dans *La Nouvelle Héloïse*, avec le trio de rêve composé de Julie, Saint-Preux et Claire. Mais, à l'inverse, Rousseau a sans doute rédigé ses souvenirs à partir de ce qu'il avait rêvé, quelques années plus tôt, en imaginant les personnages de son roman... On ne peut donc savoir où est, chez lui, la frontière entre rêve et réalité.

Notons pour finir que l'on pourra retrouver dans le roman de *Paul et Virginie* (1787), écrit par Bernardin de Saint-Pierre, ami et disciple de Rousseau, ce même climat de sensualité naturelle, purifiée par la noblesse des sentiments.

Lecture méthodique 13

Je me souviens même d'avoir passé une nuit délicieuse hors de la ville, dans un chemin qui côtoyait le Rhône ou la Saône, car je ne me rappelle pas lequel des deux. Des jardins élevés en terrasse bordaient le chemin du côté opposé. Il avait fait très chaud ce jour-là, la soirée était charmante ; la rosée humectait l'herbe flétrie ; point de vent, une nuit tranquille ; l'air était frais, sans être froid ; le soleil, après son coucher, avait laissé dans le ciel des vapeurs rouges dont la réflexion rendait l'eau couleur de rose ; les arbres des terrasses étaient chargés de rossignols qui se répondaient de l'un à l'autre. Je me promenais dans une sorte d'extase, livrant mes sens et mon cœur à la jouissance de tout cela, et soupirant seulement un peu du regret d'en jouir seul. Absorbé dans ma douce rêverie, je prolongeai fort avant dans la nuit ma promenade, sans m'apercevoir que j'étais las. Je m'en aperçus enfin. Je me couchai voluptueusement sur la tablette d'une espèce de niche ou de fausse porte enfoncée dans un mur de terrasse ; le ciel de mon lit était formé par les têtes des arbres ; un rossignol était précisément au-dessus de moi ; je m'endormis à son chant : mon sommeil fut doux, mon réveil le fut davantage. Il était grand jour : mes yeux, en s'ouvrant, virent l'eau, la verdure, un paysage admirable. Je me levai, me secouai, la faim me prit, je m'acheminai gaiement vers la ville, résolu de mettre à un bon déjeuner deux pièces de six blancs[1] qui me restaient encore. J'étais de si bonne humeur, que j'allais chantant tout le long du chemin, et je me souviens même que je chantais une cantate de Batistin intitulée *Les bains de Thomery*, que je savais par cœur.

Les Confessions, Livre IV, p. 222-223.

---

1. *Blanc :* petite monnaie d'argent

INTRODUCTION

Situation du passage

Cette évocation d'une « nuit délicieuse » se situe à la fin du Livre IV. Rousseau séjourne alors quelque temps à Lyon, dans l'attente de nouvelles de Mme de Warens. Confiant en son avenir, il choisit de dormir à la belle étoile chaque fois qu'il le peut car, dit-il, « J'aimais mieux employer quelques sols qui me restaient à payer mon pain que mon gîte. » L'une de ces nuits lui revient en mémoire, qu'il choisit de nous raconter.

Axes de lecture

Le charme de cette page l'a rendue célèbre. En effet quel lecteur n'envierait le bonheur de Jean-Jacques, au cours de cette délicieuse nuit ? Comment rendre compte de cette réussite ?

Le lecteur doit ici dépasser son impression première et tenir compte de ce qu'il sait de l'élaboration des *Confessions* :

– d'une part, la mémoire de Rousseau recompose souvent son bonheur passé pour mieux l'idéaliser : cette nuit est peut-être la synthèse de plusieurs nuits semblables (cf. les imprécisions du début du texte) et l'on doit sans doute moins y lire un témoignage autobiographique précis que l'évocation idéale d'un artiste maître de son talent ;

– d'autre part, Rousseau n'abandonne jamais la thèse sous-jacente à son récit : montrer, dans la personne de Jean-Jacques, l'innocence d'un tempérament simple et sensible, fait pour être heureux au sein de la nature.

Ces deux remarques vont guider l'examen méthodique du texte vers deux axes de lecture : 1. l'évocation d'une nature idéale ; 2. l'accord du « moi » au rythme de la nature.

1. L'ÉVOCATION D'UNE NATURE IDÉALE

Une certaine imprécision du cadre est d'abord à noter : l'auteur ne se « rappelle pas » (l. 3) s'il longeait le Rhône ou la Saône ; il ne précise pas davantage si l'on est au printemps, en été, ou en automne. Le tableau qu'il peint a un caractère de généralité justement propice à la rêverie (celle de l'auteur, celle du lecteur) : tout se passe comme si des détails trop particuliers, susceptibles de nuire à l'harmonie d'ensemble, étaient effacés.

Le déroulement de la scène suit l'ordre le plus naturel, l'ordre chronologique : il y a la soirée (le ciel rougeoie), il y a la nuit, il y a le « grand jour ». Il ne se passe aucun événement susceptible de briser l'ordre naturel ; en particulier, aucune présence humaine (autre que celle du jeune homme) ne vient faire irruption dans le tableau.

Les éléments qui constituent ce cadre sont en quelque sorte les éléments premiers de la nature : la terre (les jardins en terrasse), l'eau, l'air, le ciel, le soleil, les arbres, la nuit. Les seuls animaux présents sont des oiseaux, les rossignols. Ils n'ont aucun caractère d'étrangeté, ils chantent comme pour bercer le seul être humain ici présent. Les adjectifs qui qualifient les divers aspects de la nature en font véritablement un cadre idéal : « nuit délicieuse » (l. 1), « soirée charmante » (l. 5), « eau couleur de rose » (l. 8-9), « paysage admirable » (l. 21-22). Les arbres eux-mêmes sont « chargés de rossignols » (l. 9), qui ajoutent leur touche musicale à l'harmonie de cette nuit : le rossignol est, on le sait, l'oiseau poétique par excellence.

L'évocation de la « soirée charmante » (l. 5), dans la troisième phrase du texte, tend à faire du crépuscule un miracle d'équilibre : la chaleur du jour est corrigée par la rosée qui « humect[e] l'herbe flétrie » (l. 5-6) ; le vent s'est effacé pour rendre la nuit tranquille ; la qualité de l'air est parfaite (« frais sans être froid », l. 7) ; les « vapeurs rouges » laissées dans le ciel par le soleil s'harmonisent et se fondent avec l'eau « couleur de rose » qui les reflète ; les rossignols eux-mêmes se répondent d'un arbre à l'autre, dans une sorte de communion spontanée, inhérente à la nature elle-même. La syntaxe même de cette phrase, avec ses points-virgules qui forment des pauses entre chaque notation, produit un effet de déroulement harmonieux : chaque trait successif, lui-même mesuré, contribue à l'équilibre du tableau d'ensemble.

Mais si la nature prédispose si bien au repos ou à la promenade rêveuse, puis au sommeil, elle sait aussi s'éveiller et réveiller celui à qui elle a offert un gîte (« une espèce de niche » avec les « têtes des arbres » pour « ciel de lit », l. 16-18). Le « grand jour » semble avoir attendu patiemment l'éveil de Jean-Jacques : le « paysage admirable » semblait préparé pour la contemplation et n'attendait plus que l'ouverture de ses yeux. C'est que toute cette évocation a pour but d'accueillir en son sein le « moi » d'un jeune homme dont le naturel est accordé d'avance au rythme de la nature

2. L'ACCORD DU MOI AU RYTHME DE LA NATURE

Apparemment, Rousseau ne se montre dans le cadre naturel qu'il décrit qu'au moment où il s'y promène (« Je me promenais dans une sorte d'extase [...] », l. 10-11). Et de fait, c'est à partir de là que se multiplient les « je » et les possessifs. Mais sa personne est déjà présente, dès les premières descriptions, implicitement : il nous fait en effet partager ses sensations. En réalité, il ne cesse pas, tout au long du passage, de manifester l'accord de son être avec la nature, quoi qu'il fasse : qu'il contemple, marche, jouisse, rêve, se couche, s'endorme, s'éveille, marche à nouveau, et chante.

Reprenons méthodiquement les phases successives de cette nuit à la belle étoile. Le premier élément qui rapproche Jean-Jacques de la nature, c'est qu'il passe cette nuit « hors de la ville » (l. 1-2, loin de la cité des hommes). Il longe le fleuve (le Rhône ou la Saône, peu importe) ; de l'autre côté s'étagent les jardins, en terrasse, précise-t-il : nous nous trouvons donc sur le chemin avec lui. L'évocation qu'il fait alors de la soirée nous fait entrer dans sa contemplation. Toutes les perceptions qu'implique sa description (et qu'il nous fait partager) contribuent à le fondre physiquement dans l'atmosphère nocturne : sensations tactiles (chaleur / humidité / fraîcheur de l'air / absence de vent) ; sensations visuelles (le jeu des couleurs du ciel et de l'eau) ; sensations auditives (le chant des rossignols).

Cette contemplation se mue aussitôt en action. Le jeune homme ne reste pas sur place, il se promène, comme happé par la nature qui comble ses sens. Il est important de remarquer ici que la relation du « moi » et de la nature ne se cantonne pas au pur niveau des sensations : Rousseau parle d'« extase », il livre « ses sens et son cœur », il est « absorbé » dans une « douce rêverie » (l. 11-13), il ne s'aperçoit même pas qu'il est fatigué. Cela signifie que c'est l'ensemble de sa personne et de sa conscience qui se fond dans cette nuit. La seule pensée qui limite cette fusion totale au sein de la nature est « le regret d'en jouir seul » (l. 13) ; mais c'est une sorte de manque propre à faire ressortir l'ampleur, la quasi-plénitude de ce qu'il éprouve par ailleurs.

L'accord avec la nature se poursuit dans la nuit : Jean-Jacques trouve comme par hasard une sorte de gîte naturel où il se couche « voluptueusement » (l. 16) ; son « lit » a pour baldaquin naturel (pour « ciel de lit ») des « têtes d'arbres » et, providentiellement, un rossignol vient l'endormir de son chant, juste au-dessus de lui. La nature est vraiment une mère qui veille sur l'enfant aux goûts simples qui se blottit en elle.

Mais on a vu aussi avec quelle précaution elle le réveille : « mon sommeil fut doux, mon réveil le fut encore davantage » (l. 20). Toutefois, il ne s'agit plus maintenant – il fait grand jour – de contempler et de rêver : une sorte d'appel de la vie, de renaissance, saisit le jeune homme. Il se lève, se secoue ; il marche, il a faim, il chante. L'accord entre lui et le rythme de la vie naturelle continue de faire son bonheur, son allégresse (« gaiement », l. 23 ; « de si bonne humeur », l. 25). Le sujet de la cantate qu'il chantonne a lui-même un sujet bien concret, bien vivant : les *bains* de Thomery… Il renaît avec le jour.

CONCLUSION

La fraîcheur de cette page, sa réussite, tiennent à son unité, à l art avec lequel Rousseau, recomposant son souvenir, assemble les deux aspects que notre lecture méthodique a dissociés : l'évocation d'une nature idéale et la certitude plus ou moins rêvée de n'avoir fait qu'un avec elle[1].

En ce qui concerne l'originalité de Rousseau dans cet extrait, on peut signaler la critique d'un commentateur qui estime qu'on surprend ici Jean-Jacques à faire « du Rousseau ». Ce n'est en effet ni la première ni la dernière fois que l'auteur exprime son goût de la nature et de la fusion en son sein. Au lecteur d'en juger en se reportant à *La Nouvelle Héloïse*, à la *Troisième lettre à Malesherbes* et aux *Rêveries du promeneur solitaire*.

---

1. Notons à ce propos qu'une lecture méthodique linéaire, à condition de ne pas s'égarer dans les détails, aurait aussi bien pu convenir à l'explication de ce texte et de son unité.

Lecture méthodique 14

J'aime à marcher à mon aise, et m'arrêter quand il me plaît. La vie ambulante est celle qu'il me faut. Faire route à pied par un beau temps, dans un beau pays, sans être pressé, et avoir pour terme de ma course un objet agréable : voilà de toutes les manières de vivre celle qui est la plus de mon goût. Au reste, on sait déjà ce que j'entends par un beau pays. Jamais pays de plaine, quelque beau qu'il fût, ne parut tel à mes yeux. Il me faut des torrents, des rochers, des sapins, des bois noirs, des montagnes, des chemins raboteux à monter et à descendre, des précipices à mes côtés qui me fassent bien peur. J'eus ce plaisir, et je le goûtai dans tout son charme en approchant de Chambéry. Non loin d'une montagne coupée qu'on appelle le Pas-de-l'Échelle, au-dessous du grand chemin taillé dans le roc, à l'endroit appelé Chailles, court et bouillonne dans des gouffres affreux une petite rivière qui paraît avoir mis à les creuser des milliers de siècles. On a bordé le chemin d'un parapet pour prévenir les malheurs : cela faisait que je pouvais contempler au fond et gagner des vertiges tout à mon aise, car ce qu'il y a de plaisant dans mon goût pour les lieux escarpés, est qu'ils me font tourner la tête, et j'aime beaucoup ce tournoiement, pourvu que je sois en sûreté. Bien appuyé sur le parapet, j'avançais le nez, et je restais là des heures entières, entrevoyant de temps en temps cette écume et cette eau bleue dont j'entendais le mugissement à travers les cris des corbeaux et des oiseaux de proie qui volaient de roche en roche et de broussaille en broussaille à cent toises au-dessous de moi. Dans les endroits où la pente était assez unie et la broussaille assez claire pour laisser passer des cailloux, j'en allais chercher au loin d'aussi gros que je les pouvais porter ; je les rassemblais sur le parapet en pile ; puis, les lançant l'un après l'autre, je me délectais à les voir rouler, bondir et voler en mille éclats, avant que d'atteindre le fond du précipice.

Les Confessions, Livre IV, p. 227-228.

INTRODUCTION

Situation du passage

Dans cet extrait du Livre IV, Rousseau évoque son dernier grand voyage pédestre, effectué en septembre 1731. Parti de Lyon, Jean-Jacques rejoint en effet Mme de Warens à Chambéry où celle-ci venait de rentrer. Refusant le cheval qu'on lui propose, il décide de faire le trajet à pied.

Axes de lecture

Le jeune homme se livre sans retenue aux joies de l'indépendance et d'une intimité directe et totale avec la nature sauvage. L'originalité de cette page, qui a surpris les lecteurs de l'époque, réside dans ces deux thèmes qui constitueront les axes de lecture proposés.

1. LES JOIES DE L'INDÉPENDANCE

Le goût du vagabondage domine dans ce texte où l'auteur se délecte à revivre des moments de bonheur intense. L'extrait est aussi un éloge de la liberté chère à Rousseau qui, dans *Les Confessions*, va ainsi contribuer à transformer l'art de voyager.

Revivre les joies du voyage grâce à l'écriture

Deux temps se fondent intimement dans cette page :
– un présent de vérité générale : « il me faut des torrents » (l. 8), qui est celui de l'écrivain quinquagénaire ;
– et le temps du passé (passé simple et imparfait), qui est le temps du jeune homme de 19 ans, marqué par l'irruption de faits précis dans sa méditation (à partir de la ligne 11).

Ces deux points de vue superposés, caractéristiques de l'écriture autobiographique, mettent la scène vécue en relief et lui donnent toute son intensité.

Par ailleurs, la composition même de l'extrait restitue les charmes du vagabondage : Rousseau alterne réflexion générale et récit circonstancié, mettant en œuvre une « écriture en liberté » que l'on retrouve dans l'ensemble du Livre IV.

L'éloge de la liberté

Nombreuses sont les notations montrant que Rousseau jouit de cette liberté qui lui est si chère : il « aime à marcher à [son] aise », à « s'arrêter quand il [lui] plaît » (l. 1), « faire route [...] sans être pressé » (l. 2-3). La structure des phrases donne à voir un homme allant à l'aventure, sans but précis, si ce n'est celui de vivre intensément l'instant présent. La sixième phrase (l. 8-10), aux sinuosités évocatrices (compléments juxtaposés), est un bel exemple de ce « style coupé » cher à certains écrivains du XVIIIe siècle qui, tel Diderot dans *Jacques le Fataliste et son maître*, aiment à évoquer les charmes de la vie errante.

Un nouvel art de voyager

Ce passage, comme tant d'autres dans l'œuvre de Rousseau, marque une véritable révolution dans l'art du voyage. Rappelons que l'auteur a voulu voyager *à pied*, ce qui est une nouveauté à une époque où les classes aisées mènent une vie citadine et sédentaire. Avec un goût de la provocation qu'on lui connaît bien, Rousseau affirme péremptoirement : « La vie ambulante est celle qu'il me faut » (l. 2). Autre originalité : il fuit ses semblables, jouissant totalement de *son* être : on remarquera l'omniprésence du « je » dans tout l'extrait. Par ailleurs, durant ce périple, tout est permis dès lors qu'une source de bonheur supplémentaire est trouvée. La rêverie s'achève en enfantillage : Rousseau lance des cailloux en un geste libérateur qui revêt une portée symbolique.

2. L'INTIMITÉ DIRECTE ET TOTALE AVEC UNE NATURE SAUVAGE

Dans ce texte, la nature n'est pas, comme au XVIIe siècle, un simple décor. D'emblée, Rousseau instaure entre elle et lui une intimité directe et totale. En effet, la communion avec la nature est pour l'auteur une nécessité absolue qui prend ici une dimension morale.

La communion avec la nature

Dans cette page, Rousseau laisse parler son émotion et écrit sous sa dictée. On peut noter les répétitions de l'adjectif « beau » (4 occurrences : l. 3, 6, 7), du verbe « aimer » (2 occurrences : l. 1 et 20) et, plus généralement, le champ lexical du plaisir qui constitue la trame du texte, avec des mots comme « agréable » (l. 4), « goût » (l. 5), « plaisir » (l. 11), « goûtai », « charme » (l. 11), « [se] délect[er] » (l. 31). Deux sens sont sollicités : la vue (« jamais pays de plaine [...] ne parut tel à mes yeux », l. 6-8) et l'ouïe (« cette eau bleue dont j'entendais le mugissement », l. 23-24).

L'émotion éprouvée, une émotion qui se dit, immédiatement exprimée, est traduite par des harmonies suggestives. On relèvera l'allitération en [R] dans la sixième phrase, qui suggère la rudesse du paysage et la fatigue ressentie (l. 8-10), et le jeu des assonances en [i] lorsque l'auteur évoque le « mugissement » de l'eau et les « cris des corbeaux et des oiseaux de proie » (l. 24-25). Par ailleurs, les nombreuses gradations restituent à la fois :
– la topographie des lieux : le regard se porte d'abord sur les torrents, puis sur les rochers, les sapins, les bois noirs, et enfin sur les montagnes (l. 8-9) ;
– et les mouvements du corps, par exemple quand l'auteur parle des « chemins raboteux à monter et à descendre » (l. 9-10).

Tout témoigne donc du plaisir éprouvé par l'adolescent, le langage étant le lieu d'une expérience immédiate tout en demeurant l'instrument d'une méditation.

Une nécessité absolue

Cette intimité avec la nature est pour Rousseau un besoin physique, intellectuel et sentimental solennellement affirmé.

Ainsi, dans la troisième phrase (l. 2-5), l'antéposition de la locution infinitive « faire route » et la reprise finale « voilà de toutes les manières de vivre celle qui est la plus de mon goût » montrent la nécessité absolue de ce contact direct avec la nature. Grâce à elle, Rousseau existe vraiment car la nature agit comme un révélateur de son moi profond : l'expression « il me faut » est répétée deux fois (l. 2 et 8). Cependant, ce que Rousseau attend de la nature est ambivalent : il recherche aussi bien la délectation que la peur, la souffrance. Il a autant besoin des « chemins raboteux » (l. 9), des « gouffres affreux » (l. 15) que du « beau temps » (l.3), d'un « objet agréable » au « terme de [sa] course » (l. 4).

Un paysage moral

On s'aperçoit dès lors que le paysage décrit traduit certes les goûts esthétiques de Rousseau, mais aussi sa personnalité profonde. Il fait découvrir au lecteur de l'époque, avec une évidente volonté de provocation, un autre type de beauté, aux antipodes des goûts du siècle précédent. Pour Rousseau, le « beau » (mot répété quatre fois, l. 3 et 6-7) est sauvage (« bois noirs, « montagnes », « gouffres affreux », l. 8-9 et 15), et par conséquent violemment contrasté aussi bien dans la nature même des éléments – minéral, végétal, liquide – que dans les formes et les couleurs. Seuls le chemin et le parapet signalent la présence de l'activité humaine. Ici, c'est surtout la nature sauvage qui est à l'œuvre : l'exemple du torrent qui « court et bouillonne dans des gouffres affreux » (l. 14-15) le montre bien. À cet égard, cette page est donc novatrice. Elle va faire naître d'autres goûts chez les contemporains de Rousseau et l'on y retrouve une idée fondamentale du philosophe : ce qui est beau est également bon, car naturel. Contempler la nature, c'est retrouver le « Grand Être » et la « vraie vie ».

CONCLUSION

« Jamais je n'ai tant pensé, tant existé, tant vécu, tant été moi, si j'ose ainsi dire, que dans les voyages que j'ai faits seul et à pied », écrit Rousseau dans le Livre IV (p. 215) des *Confessions*. C'est ce que nous montre à l'évidence le texte étudié ici. La liberté que donne le voyage autorise tous les vertiges que l'auteur revit par l'écriture.

Lecture méthodique 15

Ces longs détails de ma première jeunesse auront paru bien puérils, et j'en suis fâché : quoique né homme à certains égards, j'ai été longtemps enfant, et je le suis encore à beaucoup d'autres. Je n'ai pas promis d'offrir au public un grand personnage ; j'ai promis de me peindre tel que je suis ; et, pour me connaître dans mon âge avancé, il faut m'avoir bien connu dans ma jeunesse. Comme en général les objets font moins d'impression sur moi que leurs souvenirs, et que toutes mes idées sont en images, les premiers traits qui se sont gravés dans ma tête y sont demeurés, et ceux qui s'y sont empreints dans la suite se sont plutôt combinés avec eux qu'ils ne les ont effacés. Il y a une certaine succession d'affections et d'idées qui modifient celles qui les suivent, et qu'il faut connaître pour en bien juger. Je m'applique à bien développer partout les premières causes pour faire sentir l'enchaînement des effets. Je voudrais pouvoir en quelque façon rendre mon âme transparente aux yeux du lecteur, et pour cela je cherche à la lui montrer sous tous les points de vue, à l'éclairer par tous les jours, à faire en sorte qu'il ne s'y passe pas un mouvement qu'il n'aperçoive, afin qu'il puisse juger par lui-même du principe qui les produit.

Les Confessions, Livre IV, p. 229-230.

INTRODUCTION

Situation du passage

Le texte étudié ici fait écho au préambule des *Confessions* dans lequel Rousseau affirmait, dès la première phrase, sa volonté de se peindre « exactement d'après nature et dans toute sa vérité ». À la fin du Livre IV, l'auteur éprouve manifestement le besoin de marquer une pause dans le récit des aventures de « [sa] première jeunesse » qui couvrent une période d'une vingtaine d'années (1712-1731). Jean-Jacques se trouve alors à un tournant de sa vie. Après deux années d'errance pendant lesquelles il s'est livré à toutes sortes d'« extravagances », il va quitter sa « folle jeunesse » pour mener une vie réglée auprès de Mme de Warens qu'il vient de retrouver. C'est donc l'occasion pour l'auteur d'interpeller à nouveau le lecteur afin de faire un bilan et de solliciter son jugement.

Axes de lecture

Dans ce passage, Rousseau insiste sur l'importance primordiale de l'enfance dans la formation de la personnalité et par conséquent sur la nécessité, pour l'écrivain, de mettre en regard présent et passé. Or une telle démarche ne peut se faire que dans la transparence, si l'auteur veut faire du lecteur un juge impartial. Ces idées fondamentales de la pensée de Rousseau constitueront donc nos deux axes d'étude.

1. ROUSSEAU, ARCHÉOLOGUE DE SA PERSONNALITÉ

Les références à l'enfance sont omniprésentes dans cet extrait où l'auteur, recherchant l'unité de l'être à travers les sédiments de la mémoire, met en œuvre une poétique de la surimpression.

L'isotopie « premier »

Cette isotopie[1] est omniprésente dans le texte où l'adjectif « premier » est repris trois fois (l. 1, 9, 14-15). Il faut par ailleurs noter l'importance du réseau lexical de l'enfance avec des mots comme « puérils » (l. 2), « enfant » (l. 3), « jeunesse » (l. 7) et de façon plus indirecte avec les expressions « premiers traits » (l. 9), « premières causes » (l. 15), Rousseau voulant remonter au « principe » (l. 20) qui est à la base de sa personnalité. En effet,

1. Une *isotopie* est une récurrence sémantique : divers termes s'apparentent ou se recoupent pour former un réseau, un système cohérent d'échos (d'après le *Vocabulaire de l'analyse littéraire*, Dunod).

l'auteur ne cesse d'insister, dans cet extrait, et plus généralement dans les quatre premiers Livres des *Confessions*, sur l'importance déterminante des premières années de la vie.

Cette insistance révèle aussi un trait de caractère dominant chez Rousseau : il constate que, « quoique né homme », il « [a] été longtemps enfant » et qu'il l'est encore plus ou moins (l. 2-4). Ici comme ailleurs, il se présente à nous comme un être innocent qui a gardé la sensibilité et le regard de l'enfant face aux vicissitudes de la vie en société.

La recherche de l'unité de l'être

Dans de nombreuses phrases, et par des moyens divers, l'auteur mêle intimement présent et passé, à la recherche d'un fonds primitif qui explique et modèle l'être qu'il est devenu.

D'une part, Rousseau met en évidence le mécanisme psychologique expliquant la formation de sa personnalité par une série de mots soulignant « l'enchaînement » des « causes » et des « effets » (l. 14-15). On peut également relever les termes « succession » (l. 11) et « modifient » (l. 13), qui montrent que l'auteur cherche à saisir son être intime dans ses transformations successives, éclairant sans cesse le présent par le passé. Cette méthode « génétique » particulièrement originale était déjà décrite dans le Livre I (p. 48, troisième paragraphe).

D'autre part, le jeu des temps verbaux traduit bien la fusion intime du présent et du passé. On passe ainsi continuellement et sans transition de l'un à l'autre, d'autant plus facilement que les mêmes verbes sont parfois repris. Par exemple, dans la première phrase (l. 1-4), le passé composé « j'ai été » est immédiatement suivi du présent « je suis encore » ; dans la phrase suivante, on relèvera le passage de l'infinitif présent (« connaître », l. 6) à l'infinitif passé (« m'avoir bien connu », *ibid.*).

Une poétique de la surimpression

Chez Rousseau, l'écriture de soi est donc constamment le lieu d'une expérience immédiate. Cette immédiateté se traduit aussi par l'utilisation de moyens poétiques, comme le recours à la métaphore filée du tableau dans la phrase des lignes 7 à 12 : les mots « images », « traits », « gravés », « empreints », « combinés », « effacés » nous donnent poétiquement à voir la démarche de l'artiste qui, touche après touche, peint le tableau de sa vie en reconstituant l'histoire de sa personnalité. Or cette histoire est aussi celle de constantes surimpressions psychologiques.

2. L'OBSESSION DE LA TRANSPARENCE

Cependant, cette volonté de mettre à nu les mécanismes subtils et profonds de la formation de son être suppose la recherche de l'authenticité. C'est pourquoi Rousseau évoque la nécessaire « transparence » de l'écrivain qui veut « tout dire ». Cette revendication originale parcourt tout le texte, prenant à l'époque la dimension d'une entreprise révolutionnaire, dont nous verrons qu'elle n'est pas sans ambiguïté.

Une revendication clairement réaffirmée

Le texte, étudié sous l'angle de la transparence, est à l'image de l'ensemble des quatre premiers Livres des *Confessions*. Rousseau y affirme sans cesse sa volonté de « [se] peindre tel qu'[il est] » (l. 5). Il « [s]'appliqu[e] à bien développer partout les premières causes » (l. 14-15) afin de « rendre [son] âme *transparente* aux yeux du lecteur » (l. 16-17), « cherch[ant] à la lui montrer sous tous les points de vue » (l. 17-18). Dans la dernière phrase du texte, Rousseau procède par redondance et accumulation de mots mis en parallèle : notons, l. 17 et suivantes, à partir du verbe « chercher », la reprise de la préposition « à » qui introduit trois expansions et la répétition de l'adjectif « tous » (deux occurrences).

L'obsession de la transparence apparaît aussi dans l'utilisation de la métaphore de la ligne 18. Rousseau, en utilisant le verbe « éclairer », montre la voie de la lumière, alors que la société, jouant sans cesse la comédie du paraître, est opaque. N'oublions pas que l'auteur des *Confessions* avait adopté la devise suivante, empruntée au poète latin Juvénal (*Satires*, IV, 91) : *Vitam impendere vero* (« Consacrer sa vie à la vérité »).

Une entreprise révolutionnaire

À bien des égards, l'entreprise de Rousseau est révolutionnaire pour l'époque. Cette dimension apparaît clairement dans la première partie de la deuxième phrase (l. 4-5). Analysons l'expression « tel que je suis », que Rousseau oppose vigoureusement à « grand personnage » grâce à la reprise de l'expression « j'ai promis » et au parallélisme ainsi créé. Le simple citoyen de Genève s'arroge le droit de raconter sa vie, ce qui était jusque-là l'apanage des hommes de qualité : grands chefs de guerre, ecclésiastiques, hommes d'État, nobles… Il opère ainsi une profonde révolution dans la littérature qu'on appellera ensuite « autobiographique ». Après Rousseau, en effet, toute vie mérite d'être racontée en ce qu'elle offre d'universel et d'authentique, deux objectifs visés par l'écrivain. Du même coup, le statut du destinataire change lui aussi : le lecteur est désormais un juge disposant d'éléments véridiques pour pouvoir arrêter librement son opinion.

On peut donc également lire cette page comme un véritable plaidoyer, celui d'un homme du peuple qui exprime son droit à l'attention universelle au nom d'une meilleure connaissance de l'humanité.

Une position ambiguë

Notons cependant que cette entreprise n'est pas sans ambiguïté. En effet, Rousseau, « [s]'appliquant à bien développer partout les premières causes pour faire sentir l'enchaînement des effets » (l. 14-15), ordonne et commente nécessairement les « matériaux bruts » qu'il fournit au lecteur. Et le texte montre à l'évidence qu'il entend aussi donner un sens à sa vie et convaincre le lecteur de son innocence. Comment mal juger un homme-enfant qui pense « en images » (l. 2-3, 8-9) et fait confiance au lecteur invité, ici (l. 20-21) comme dans le dernier paragraphe du Livre IV, à « assembler ces éléments » et à « déterminer l'être qu'ils composent » ? Mais si le lecteur se trompe, « alors toute l'erreur sera de son fait » ! Par conséquent, on voit que la position de l'auteur est certainement sincère mais qu'elle ne manque pas d'habileté.

CONCLUSION

Au centre de ce texte se trouve donc posé le problème de la sincérité de l'écriture de soi. Or, il apparaît bien que ce qui intéresse Rousseau est moins la vérité des faits que l'authenticité du sentiment. Nous donnant à voir les « longs détails de [sa] première jeunesse », il ne se complaît pas dans un récit circonstancié de ses jeunes années, mais nous fait surtout partager le bonheur qu'il éprouvait alors : un bonheur « en images ». C'est tout l'intérêt des quatre premiers Livres des *Confessions* qui placent le lecteur au cœur de l'intimité de l'être humain, *intus et in cute*[1].

---

1. « Intérieurement et sous la peau. » Épigraphe empruntée au poète latin Perse.

ÉLÉMENTS DE BIBLIOGRAPHIE

On trouve le texte des *Confessions* dans différentes collections de poche : « Folio » (Gallimard), « GF » (Flammarion), Le Livre de poche, « Lire et voir les classiques » (Pocket), « Retour au texte » (Ellipses). Une remarquable édition commentée, établie par Jacques Voisine, est parue chez Garnier Frères en 1964.

Les œuvres autobiographiques de Rousseau (*Les Confessions, Rousseau juge de Jean-Jacques, Les Rêveries du promeneur solitaire* et divers fragments) sont réunies dans le premier volume des *Œuvres complètes* (Gallimard, « Bibliothèque de la Pléiade », 1959, sous la direction de Bernard Gagnebin et Marcel Raymond). Cette édition contient de très nombreuses notes extrêmement précises.

Sur la pensée et l'œuvre de Rousseau

– LECERCLE Jean-Louis, *Jean-Jacques Rousseau, modernité d'un classique*, Larousse Université, « Thèmes et textes », 1973. Cet ouvrage général est d'un abord facile.
– STAROBINSKI Jean, *La Transparence et l'obstacle*, Gallimard, « Tel », 1971. C'est l'étude la plus célèbre sur *Les Confessions*. Il est préférable de s'y reporter quand on s'est déjà un peu familiarisé avec l'œuvre de Rousseau.
– TODOROV Tzvetan, *Frêle bonheur. Essai sur Rousseau*, Hachette, « Textes du XXe siècle », 1985. Bref et remarquable.

Sur les Livres I à IV des *Confessions*

– LECERCLE Jean-Louis, *Rousseau et l'art du roman*, Genève, Slatkine, 1979. La quatrième partie, intitulée « Jean-Jacques », contient une analyse des *Confessions*.
– LEJEUNE Philippe, *Le Pacte autobiographique*, Le Seuil, « Poétique », 1975. L'ouvrage fait autorité sur l'ensemble des problèmes que pose l'autobiographie et contient une analyse du Livre I des *Confessions*.
– RAYMOND Marcel, *Jean-Jacques Rousseau : la quête de soi et la rêverie*, José Corti, 1962 (réédité en 1986). Un chapitre est consacré au Livre I des *Confessions*.
– ROUSSEAU Jean-Jacques, *Les Confessions* (Livres I à IV), ouvrage collectif, Ellipses, « Analyses et réflexions », 1996. Recueil d'articles brefs et d'analyses de textes.

INDEX DES THÈMES ET DES NOTIONS

(Les chiffres renvoient aux pages du Profil.)

PROFIL LITTÉRATURE

PROFIL D'UNE ŒUVRE

voir suite

Bussière Camedan Imprimeries
à Saint-Amand (Cher), France.
Dépôt légal : septembre 1997. N° d'édit. : 16236. N° d'imp. : 1/2436.